洪允和

陳氏太極拳

【拳理萃真】

潘詠周大師嫡傳

洪允和 著

允軒陳氏太極拳研究會
淵源與傳承

淵源

陳氏太極拳
第十七代宗師
陳發科
先生

靜廬陳氏
太極拳社創始人
潘詠周
大師

允軒陳氏
太極拳研究會創辦人
洪允和
會長

陳發科--- 陳氏太極拳第十七代宗師

1. 陳氏太極拳世代相傳， 陳發科先生為老架系統之主要代表人物。陳氏太極拳定型之老架，為陳氏十四代 陳長興一支所傳，後又衍生出新架系統與小架系統。
2. 陳氏太極拳義理深奧，精妙無比，然拘於家傳拳術，陳氏之藝，歷來並無外傳。陳發科先生於1928年受邀至北平授拳，使得陳氏太極拳，大步地邁出了陳家溝。
3. 早年練拳，日練三十遍，數十年如一日，拳藝已臻化境，內氣雄渾，纏絲精妙，發勁俐落，剛柔兼備，推手時，拿、跌、擲、放，已入出神入化之境。
4. 功夫純厚，獨步一時，至北平時即震驚武壇，有「拳聖」之稱，太極拳之原貌，亦於此時始為外間所悉，陳氏太極拳從此開啟了嶄新之局面。

潘詠周--- 靜廬陳氏太極拳社創始人

1. 1931年1月於北平大學求學期間，從 陳發科先生習陳氏太極拳。
2. 創立靜廬陳氏太極拳社，治拳嚴謹，謹守理法，將練拳視為生活之一環，數十年未曾間斷，拳技剛柔並濟，於剎那間可為剛為柔，剛如堅石，輕如棉花，意氣風發，一片神行，為陳氏太極拳流傳極重要之傳承人物。
3. 苦心鑽研陳氏太極拳理論及功法應用，精闢論述不斷，分見各處，後之從學者得潘詠周大師首肯，經廣泛收集整理，於1994年至1996年，陸續完成「陳氏太極拳大全」鉅著，內容共分三卷，乃研究陳氏太極拳不可不讀之重要著作。
4. 1994年7月由 潘詠周大師親身示範之「陳氏太極拳」影像正式對外發行。

洪允和--- 允軒陳氏太極拳研究會創辦人
在臺灣陳氏太極拳領域之事蹟與建樹

1. 在臺第一代弟子。1980年正式從 潘詠周大師學習陳氏太極拳，為大師在臺灣之第一代弟子，秉承大師發揚傳統武學之志，推廣拳術長達 30 餘年。
2. 出版第一套全書。1989年至1996年間，與王右鈞君、李文光君共同蒐集、整理、校對，並出版 潘詠周大師畢生心血之文集鉅著「陳氏太極拳大全」共三卷。
3. 成立第一個分會。1993年於中華民國太極拳總會發起並順利成立，以專授陳氏太極拳拳術之陳氏太極拳分會，管仲福君當選首屆會長。
4. 辦理第一次講習。1994年於中華民國太極拳總會，協同辦理第一次陳氏太極拳教練講習，首次開班介紹陳氏太極拳，指導學員學習陳氏太極拳。
5. 出版第一片光碟。1997年出版，由法籍學生 Vincent 君拍攝、剪輯、製作，並出版當時堪稱國內第一片之陳氏太極拳互動式教學光碟「陳氏太極拳老架」。
6. 成立第一個協會。1997年向內政部申請，發起並順利成立全國性之中華陳氏太極拳協會，承續並發揚傳統陳氏太極拳，馬廷基君當選首屆理事長。
7. 促成第一屆比賽。1998年整合教授之各教練場，鼓勵教練選手參加比賽，促成於第一屆之主盃比賽中，將陳氏太極拳首次正式列入為比賽項目。
8. 編撰第一套套路。2002年於中華民國太極拳總會，擔任總召集人，與臺灣北中南陳氏太極拳名師共聚一堂，歷經兩年，多次之集會、研究、討論，編撰完成臺灣陳氏太極拳之第一套比賽套路「陳氏太極拳 48 式競賽套路」。
9. 開啟第一套典藏。2006年由國科會補助，國立體育學院陳五洲教授提出，「太極拳數位典藏」計畫；將國內太極拳武術名師動作以數位方式典藏，擔任陳氏太極拳項目示範老師。
10. 開辦第一個講堂。2010年於各教練場，開辦拳學講堂，解析拳術中之身法、勢法、勁法與理法，以貫通學拳之徑，引領學員探索由着熟而漸入懂勁。
11. 通過第一個認證。2010年經由新北市勞工大學申請，以「陳氏太極拳24式」通過教育部委請國立臺灣師範大學所成立之成人教育研究中心，其中之非正規教育課程認證中心之課程認證，達成具申請核發大學學分證明書之資格。
12. 榮獲第一名殊榮。2014年發表太極拳論文「Facebook社群網站與影片媒體在太極拳輔助教學運用上之研究」，獲TAECT頒發最佳論文獎。為多年來，戮力於太極拳之研究、教學與創新之最大肯定。

允軒陳氏太極拳研究會

本會師承：陳氏第十七世宗師　　靜廬陳氏太極拳社創始人　　允軒陳氏太極拳研究會創辦人

陳發科　－－→　　　　潘詠周　　－－→　　　　　洪允和

定名與展望

　　本系統傳承之求名已久，日來再經公告集思廣益，終能定案。集思過程中，眾人之取字各有所好，有偏於傳承之傳習、傳學、陳太、承和、靜廬，有重於武學之武風、憶武、止戈、無敵、龍虎，有謹於理法之鬆化、纏絲、至化、開合、凝意，及與師名有關之允文、允武、允軒、承和、和堂等，見解均有獨到之處，經各方彙集並加思考後，此定名之事終底於成。

　　首字取「允」字，《爾雅・釋詁》：「允，信也。允，誠也。」《方孝儒・夷齊》：「聖人之道，中而已矣，堯、舜、禹三聖人為萬世法，一允執厥中也。」意指堯、舜、禹行聖人之道，其所遵守歸依者，惟有中道，而其法，則賴信與誠，即「允」也。行聖道，則堯存心於天下，加志於窮民；舜以孝治天下，得國泰民安；禹則身執耒耜以為民先，治水以利天下，此聖人之行，皆因「允」執厥中，致成就政治之清平。又《左傳・文公十八年》：「齊聖廣淵，明允篤誠，天下之民，謂之八愷。」意指八位才子，以自己的才德治理百姓，使天下和樂。其中之「允」，疏：「允，信也，終始不愆，言行相副也。」由上述，允，誠也；而誠，實也，見朱熹《大學》注解：「心者，身之所主也。誠，實也。意者，心之所發也。實其心之所發，欲其一於善而無自欺也。」故若以「允」而言拳，實至為切當，並楬櫫此終身不盡之學，必以誠篤允當之心，用意恪遵終始不愆之學習精神，使能而達於善。次字取「軒」字，「軒」字有處所之意，其所映現之所，則有寬敞、明亮、正面之意涵，故最終定名為「允軒」。

　　名稱既定，則關乎名稱之事務作業乃應運而生，如「允軒會訊」之正式定名，地位超然於各地域團體之「允軒陳氏太極拳研究會」亦於焉成立，此將有助於本門拳術之推展。

　　從此，本門組織架構清晰，傳承系統分明；組織之宗旨，以秉持　潘詠周大師承續中華傳統武學之志，及對人們身、心、靈修持需求之目標，而訂為「承繼傳統，修身養性。」工作目標則訂為「教學發展，培養師資。」其中教學發展項目多元，包括教學方法更加求新求進，教學內容更添豐富活潑，並進行發行書籍及影音教材之規畫等，而師資則是本門武藝賴以傳承之重要資產，舉凡相關拳術拳理之深入，教練裁判講習之充實，大會現場比賽之參與，拳術教學實習之安排等，更須精心培養，以為百年之計。

允軒陳氏太極拳研究會 創辦人　洪允和　謹誌

允軒
陳氏太極拳研究會

102 年 7 月

1980 年／先師　潘詠周中正橋下表演——以武會友

1989 年／參加太極拳 22 支會成立大會——與先師　潘詠周留影

2009 年／朱銘美術館兒童夏令營教授太極拳

2010 年／福爾摩沙盃全國太極拳錦標賽表演

2011 年／朱銘美術館太極拱門前留影

2011 年／臺灣盃陳氏太極拳全國錦標賽合影

2012 年／朱銘美術館留影

2012 年／臺灣盃陳氏太極拳全國錦標賽——洪允和老師弟子砲捶表演

2013 年／政大盃國際太極武學名家表演留影

2014 年／福爾摩沙盃全國太極拳錦標賽表演留影

2014 年／臺灣盃陳氏太極拳全國錦標賽合影

2014 年／政大盃名家展示會合影

第十一屆臺灣盃陳氏太極拳全國錦標賽
中華陳氏太極拳協會 104.11.01

2015 年／臺灣盃陳氏太極拳全國錦標賽表演

2015 年／中華民國太極拳總會裁判講習會授課

2016 年／中華陳氏太極拳協會秋季研習會合影

2016 年／允軒陳氏太極拳研究會——歲末聚餐

2016 年／老人養護中心擔任銀髮貴人薪傳服務——指導老人養生

2017 年／臺灣盃陳氏太極拳全國錦標賽頒獎

2018 年／教練場帶領學員團練後合影

2018 年／允軒陳氏太極拳研究會——夏季旅遊

2018 年／洪允和老師拳照

2018 年／洪允和老師拳照

2018 年／洪允和老師拳照

2018 年／洪允和洪老師拳照

序｜永續太極涓涓長河

太極拳顧名思義，為符合天地太極陰陽自然法則，所演變出之拳法。故身體之操作，若無太極陰陽之意，無開合、虛實、剛柔、快慢等太極陰陽之形，縱使一套拳能打得精彩絕倫，說得天花亂墜，亦不可謂之為太極拳。言太極拳，必言太極之理。由太極陰陽之理，再而衍生為各種相對之正反兩向之用拳之理。太極之理，即陰陽、動靜、剛柔等理，而用拳之理，則演繹為屈伸、進退、開合、虛實、引進、收放、弛張等手足之運動。

易經繫辭傳：「易有太極，是生兩儀，兩儀生四象，四象生八卦。」「生生之謂易。」太極生兩儀、四象、八卦，此中陰陽消長，從而生生不息。太極拳寓含之境界深奧，複雜細膩，誠如陳鑫所言：「非世之以拳為拳者比也」。習者於學習過程，遇有困惑或難解之處，自必當然。此須經由對拳之理解，再加練習，用心於其間，通曉開合陰陽之理，與實際操作之法，而致熟習於用拳，為此個人於2013年7月成立「允軒陳氏太極拳研究會」，為文解說，以助後進學習，至今陸續出版之書籍計有：

一、2015年1月出版《允軒‧習拳札記》

內容有個人發表之數篇文章，與平日觀弟子演架之所見，予之提示之拳語，並另加註解，餘皆為教練們學拳路上之歷練心得，可助後進藉由閱讀此書，獲致啟發。

二、2015年11月出版《陳氏太極拳‧基礎24式》

內容完全為個人所發表之文章，書中解說陳氏太極拳基礎24式拳架，明示拳勢運行之「法」外，並將每一分勢，各部之詳細描述，分列於「手」、「眼」、「身」、「步」各分項中。分項標明清楚，習者易於理解與學習。另增添重要之拳理，與個人於2014年國際學

術研討會上，獲頒「最佳論文獎」之「太極拳輔助教學運用」之研究中，有關太極拳學習之默會知識予以擴充，以饗太極拳之愛好者。

三、2017 年 1 月出版《太極‧拳無止境》

內容有個人發表之數篇文章，餘皆為「允軒陳氏太極拳協會」學員分享篇章。內容包羅萬象，或於練拳之深刻體悟，或於身心之提昇感觸，或於生活之重新定義，或於人生之另番認知等等，能有效激勵後進之學習。

四、2018 年 10 月出版《洪允和‧拳理萃真》

內容為個人多年來陸續發表於允軒會訊之文章，書中解說陳氏太極拳之拳理，與實際練拳之心得，包括以太極陰陽之理，所詮釋之用拳之理，及所發展之周旋之法，而將陳氏太極拳拳架中之身法，亦特別將之歸為十二類，並輔以拳式以為對照。另外，此書更將 潘師之拳學心法：「降龍伏虎」、「海闊天空」、「光芒四射」、「抱元守中」等四者，予以發揮說明，是相當有份量之一本闡述拳理之著述。

習拳架構，循序漸近，紮實根基

允軒陳氏太極拳研究會之成立，除出版太極拳書籍，作為學習之基本教材，於實際之教學課程中，因應學習需要，亦安排三階之學習架構。其中一階與二階之拳術基礎課程為奠基階段，著重引領學員於三年內，由太極拳基本功開始，學習陳氏太極拳 24 式、48 式，及老架，並可兼習小架，以紮實根基，以及對基礎拳理之認識。

三年以上資深學員則可進入三階之深度研究課程，以陳氏太極經典招式為學習架構，深入解析身法、勢法、勁法、理法，一招一式細磨慢調，帶領學員進入着熟、懂勁之境界。

而兩人手搭足靠，彼此相互粘貼纏繞，往來推動之搨手，有助於正確理解拳架用法，其課程安排亦由淺入深，區分為一階之基本搨手

八法、二階之引進之法，及三階之搭手活用三階段，以助學員得以完整學習太極拳之全貌。另若欲學習教學方法及裁判方式，並取得教練及裁判資格之學員，則可參加本會舉辦之相關研習課程。

本會每月出版之會訊，提供學員拳術拳理之奧義，作為學員於學拳途中之輔助，可謂資糧滿滿，願所有學員均能於課程架構之安排中，按部就班，快樂學習。理論與實用兼具，進入真正探求武術之深奧殿堂。

臺灣陳氏太極拳之發展，由老一輩辛勤之開創耕耘，及後繼者之努力發揚，學習風潮日盛。發表本書之同時，正值本會舉辦第十四屆臺灣盃陳氏太極拳全國錦標賽。此特別為陳氏太極拳同好，所舉辦之全國錦標賽，今年亦已邁入第十四年。陳氏太極拳已在臺灣這片土地上扎根，並逐漸呈現一片欣欣向榮之氣象。

此次大會，特別匯聚安排「陳氏太極拳基礎 24 式」之百人大會表演，除彰顯陳氏太極拳拳勢之精妙，更為陳氏太極拳同好力量之凝聚。

期望陳氏太極拳之發展，歷久不衰。允軒陳氏太極拳研究會亦將持續向前，如大樹般鬱鬱蒼蒼、崢嶸茁壯，營造更為寬廣遼闊之拳藝境界。涓涓不塞，必成江河，今不揣鄙陋，將已近四十年之研究心得，筆之於書，期望書中所言所感，對有志鑽研陳氏太極拳後進之學習方向，與鍛鍊目標有所助益，並能秉持虔誠敬仰之心，看待此一此中華文化瑰寶，不斷地深耕、滋長、茁壯，延續此數百年遞嬗之薪火之傳。

洪允和 2018 年 10 月

洪允和——允軒陳氏太極拳研究會創辦人
在臺灣陳氏太極拳領域之事蹟與建樹

1. 在臺第一代弟子。

1980 年正式從 潘詠周大師學習陳氏太極拳，為大師在臺灣之第一代弟子，秉承大師發揚傳統武學之志，推廣拳術長達 30 餘年。

2. 出版第一套全書。

1989 年至 1996 年間，與王右鈞君、李文光君共同蒐集、整理、校對，並出版 潘詠周大師畢生心血之文集鉅著《陳氏太極拳大全》共三卷。

3. 成立第一個分會。

1993 年於中華民國太極拳總會發起並順利成立，以專授陳氏太極拳拳術之陳氏太極拳分會，管仲福君當選首屆會長。

4. 辦理第一次講習。

1994 年於中華民國太極拳總會，協同辦理第一次陳氏太極拳教練講習，首次開班介紹陳氏太極拳，指導學員學習陳氏太極拳。

5. 出版第一片光碟。

1997 年出版，由法籍學生 Vincent 君拍攝、剪輯、製作，並出版當時堪稱國內第一片之陳氏太極拳互動式教學光碟「陳氏太極拳老架」。

6. 成立第一個協會。

1997 年向內政部申請，發起並順利成立全國性之中華陳氏太極拳協會，承續並發揚傳統陳氏太極拳，馬廷基君當選首屆理事長。

7. 促成第一屆比賽。

1998 年整合教授之各教練場，鼓勵教練選手參加比賽，促成於第一屆之主委盃比賽中，將陳氏太極拳首次正式列入為比賽項目。

8. 編撰第一套套路。

2002 年於中華民國太極拳總會，擔任總召集人，與臺灣北中南陳氏太極拳名師共聚一堂，歷經兩年，多次之集會、研究、討論，編撰完成臺灣陳氏太極拳之第一套比賽套路「陳氏太極拳48式競賽套路」。

9. 開啟第一套典藏。

2006 年由國科會補助，國立體育學院陳五洲教授提出「太極拳數位典藏」計畫；將國內太極拳武術名師動作以數位方式典藏，擔任陳氏太極拳項目示範老師。

10. 開辦第一個講堂。

2010 年於各教練場，開辦拳學講堂，解析拳術中之身法、勢法、勁法與理法，以貫通學拳之徑，引領學員探索由着熟而漸入懂勁。

洪允和【拳理萃真】

11. 通過第一個認證。

2010 年經由新北市勞工大學申請，以「陳氏太極拳 24 式」通過教育部委請國立臺灣師範大學所成立之成人教育研究中心，其中之非正規教育課程認證中心之課程認證，達成具申請核發大學學分證明書之資格。

12. 榮獲第一名殊榮。

2014 年發表太極拳論文「Facebook 社群網站與影片媒體在太極拳輔助教學運用上之研究」，獲 TAECT 頒發最佳論文獎。為多年來，戮力於太極拳之研究、教學與創新之最大肯定。

目錄

序——永續太極涓涓長河／洪允和　　017

洪允和——允軒陳氏太極拳研究會創辦人　　021
在臺灣陳氏太極拳領域之事蹟與建樹

【第一章】太極拳重要原則　　031

　　一、立身中正　　033

　　二、用力勿過　　035

　　三、呼吸自然　　037

【第二章】動作要點　　039

　• 頭部

　　一、頭　　041

　　二、頂　　043

　　三、頸　　045

　• 上肢部

　　四、肩　　047

　　五、肘　　049

六、腕　051

七、手　053

• 軀幹部

八、胸　056

九、背　058

十、腹　060

十一、腰　062

十二、臀　064

• 下肢部

十三、腿　066

十四、胯　068

十五、膝　071

十六、足　073

【第三章】用拳之理　077

一、心為樞紐　079

二、意無偏限　081

三、中氣貫通　083

四、內勁涵養　084

五、掤勁不丟　085

26

沈光和【拳理萃真】

六、剛柔相濟　　087

七、纏絲勁為本　　088

八、太極拳之小成　　090

九、肌膚骨節，處處開張　　092

十、沿路纏綿，靜運無慌　　094

【第四章】周旋之法　　097

一、搨手要義　　099

二、搨手八法　　101

三、周身相隨　　110

四、捨己從人　　112

五、引進落空　　114

六、趁勢而入　　116

七、接定彼勁　　117

八、力由脊發　　119

九、宜輕則輕，斟酌無偏　　121

十、宜重則重，如虎下山　　123

【第五章】身法分類　　125

一、正身法　　128

二、開身法　132

三、合身法　134

四、進行法　137

五、退行法　141

六、高身法　146

七、低身法　150

八、橫行法　154

九、轉身法　160

十、飛身法　166

十一、縱身法　169

十二、偷襲步法　174

【第六章】允軒拳話　177

一、降伏意為先　179

二、人身似海天　181

三、吾身天地合　183

四、一心守定中　185

五、太極拳之內動　187

六、太極拳之養生　189

七、立如秤準　191

八、發勢之權衡　192

九、蓄勢之權衡　193

十、手部之纏絲　195

十一、受制者肘　196

十二、被動者膝　197

十三、落胯出腳　199

十四、氣貫足趾　200

十五、腰勁之解析　201

十六、勢法之解析　203

十七、拳之定式　205

十八、論剛柔　207

十九、掤勁之剛　208

二十、掤勁之柔　209

二十一、內勁之圓　210

二十二、五弓之說　212

二十三、得機得勢　214

二十四、太極生活化　215

【第七章】拳架簡介　217

一、十三勢老架　220

二、二套砲捶　222

三、十三勢小架　224

四、萃編十二式　226

五、基礎二十四式　228

六、經典四十八式　230

七、三路總合　232

八、三路菁萃　234

洪允和【拳理萃真】

附錄

傲氣珍惜本門陳氏太極拳歷史傳承　238

允軒陳氏太極拳研究會‧課程架構　239

允軒‧拳學講堂　240

允軒‧教練場教學資訊　241

【第一章】太極拳重要原則

【第一章】太極拳重要原則

筆者恩師　潘詠周先生曾於「學習陳氏太極拳應有的認識」一文中，提出學習陳氏太極拳之三大原則，二個觀念，及一顆願心，幫助習者於學習陳氏太極拳時，能確實把握學習要領，使學習更有成效，而不致淺嚐輒止，半途而廢；甚或走入岐途，白費功夫。三大原則，雖為原則性之指導，但凡演練太極拳，不論動作姿勢為何，均應奉為圭臬，視為演架依據之準則，三大原則是為：

一、立身中正
二、用力勿過
三、呼吸自然

能把握立身中正之原則，則演架端正，可令身形穩固；能把握用力勿過之原則，則用力恰當，自然不多拙力；能把握呼吸自然之原則，則氣息和順，日久開合相應。練拳時，如能刻刻在心，貫徹此三大原則，用心鑽研，拳之一途，日益精純，終底於成。

一、立身中正

立身中正，其意指打拳動作時，身軀須中正不偏。陳鑫謂：「拳之一藝，雖是小道，然未嘗不可即小以見大；故上場之時，不可視為兒戲，而此身必以端正為本，身一端正，則作事無不端正矣。」中正不偏為陳氏太極拳練拳之根本法則，做法為：由頭頂百會穴至膻部會陰穴，垂直成一條直線，不可偏倚。無論前進後退，左旋右轉之動作轉換，軀幹始終維持此一垂直線。

練拳時，無論是動作中或靜止，始終須保持中正不偏之身法，中氣之運行順暢，頂勁之維持虛領，丹田之得以氣沉，卻須由此中正不偏之身法中鍛鍊而來。現將立身中正之重要性，概舉如下：

（一）身軀穩定

由於中正不偏，得以維持虛領頂勁，並能氣沉丹田，可使重心降低，且上下對拉，身軀穩定。

（二）中氣順暢

身體關節對正穩固，氣機自然柔順，可使中氣之運行，順暢無礙，意到氣到，內勁自生。

（三）騰挪閃戰

立身中正為各種身法之基礎，以此基礎，再配合其他身法，運用時，始能氣勢騰挪，利於閃戰。

（四）易於得勢

施力或受力於對方，均能維持穩定之狀態，故而不易失勢，並能於順勢中，取得優勢。

如何做好立身中正呢？

（一）上下對準

將頭頂百會穴至膒部會陰穴，想像成一條直線，上下垂直對準，且有對拉之意，使身軀不致歪斜，而達到中正之要求。練拳時，虛領頂勁與氣沉丹田須同時配合，此舉可使全身各部之肌肉往下鬆沉，達到沉肩墜肘、含胸拔背、裹膒護肫等身法之要求，使身軀頂、胸、腰、膒與手足四肢，時時保持平衡。

（二）腰部塌直

運動中，須保持腰部之靈活塌直，脊骨之節節對準，尤其尾閭，務須隨腰之塌直，而始終維持中正。因其中正，始全身可以中正。十三勢歌云：「尾閭中正神貫頂」，腰部靈活塌直，帶動四肢螺旋纏絲之伸縮動作，形成拳勢之開合，使身體中正而重心穩定，並使身軀達到上虛下實之輕靈與沉著。

要之，身體各關節須時時保持對正，肌肉時時維持放鬆，使身軀中正不偏，平衡穩定。身體不致因某部位之關節未對正，或某部位之肌肉未放鬆，而使該部位附近之肌肉、關節產生代償性之修正作用，致為更嚴重之歪曲現象。

二、用力勿過

用力勿過，其意指打拳動作時，恰當用力，使以最小之力支撐及運動身體。　潘師言：「用力僅是舉起運行手足與身體各部而已；此力之得諸自然，毫無用力之意，存乎其間，過則為抗，不及則萎，均為病焉。所謂自然之力，即吾身本來之元氣，武術謂之中氣。」陳鑫謂：「中氣能令敵人進不敢進，退不敢退，渾身無力，極其危難，足下如在圓石上站着，不敢亂動，幾乎足不動，即欲跌倒，此時雖不打敵，敵自心服。」現將用力勿過之重要性，概舉如下：

（一）心靜放鬆

氣遇力則阻，不多用力，身體自然放鬆，氣機運行良好。

（二）身形輕靈

用力恰當，身體手足動作時不僵硬，身形轉換亦能輕靈。

（三）感覺靈敏

用力恰當，能使內體之感覺與皮膚相接之觸覺自然靈敏。

（四）捨己從人

用力恰當，搭手時始能捨己從人，從中求我之得機得勢。

（五）發勁乾脆

發勁時不用拙力，始能哈之即出，發勁快速乾脆而透澈。

如何做好用力勿過呢？

（一）正心誠意

欲於動作中做到用力勿過，首須正心用意。能正心，則能提其精神，端其身形；能誠意，則能專心一志，摒除雜念。練太極拳之用意，為人之本能。每一動作，先須經過腦部之想像，有了意動，然後形動。同時用意須於有意無意之間；因氣遇力則阻，故不可用力太過，致氣無法運行，亦不可太著意，恐反而生成不當之力。

（二）不用拙力

人身本能所用之力，無須鍛鍊，但卻常用之過多，致多所笨拙，而不輕靈，故於練拳中，不論身體各部於動作中或靜止時，須熟習如何不用拙力。其關鍵即在於時刻注意用力勿過之原則，對足而言，其力僅須足夠支撐身體之重量即可；對手而言，其力亦僅須足夠支持身體之運動即止。所用之力，少則無法運轉，多則成拙力或僵力，力須恰當而勿過。

要之，太極拳之剛並非用力使氣，是肌膚骨節捲緊時自然之剛，柔亦非軟塌萎縮，是肌膚骨節鬆開時自然之柔。太極拳之鍛鍊，於正心誠意，不用拙力之過程中，不論單人練架，或雙人推手，先得姿勢之正確，並於用意不用力之原則下，進而求其柔。以恰當自然之力緩慢運動四肢，盡力柔和動作，並以能隨勢靈活運轉，且能節節貫串為佳。如此逐漸化去身上與生俱來之僵力，漸可進入至柔之階段。用功日久，身上舊力漸去，體內真勁漸生。再認真揣摩太極拳之諸般要點，漸能由柔入剛，終能達意之所至，氣即隨至之境界。

三、呼吸自然

呼吸自然，其意指打拳時，呼吸要能自然和暢。吾人之呼吸，於尚未開始練拳時，本就自然而不須刻意；練拳之後，縱有不同之呼吸法，亦應講求自然，不可因而產生氣憋胸悶等之弊病。且待練拳更為進階時，呼吸亦漸能進入以腹部呼吸，並得氣沉丹田之拳勢呼吸階段。但過程中須謹遵　潘師言：「打拳時之姿勢動作與呼吸配合是要求自然之配合，不能強使其配合，所以要把握呼吸自然之原則，即使不能與動作配合，亦不致有流弊受害。」現將呼吸自然之拳勢呼吸重要性，概舉如下：

（一）心肺強健

氣沉丹田，能使心部鬆下，心部得而安放舒適；而肺部又隨心部之鬆下，呼吸得而暢通無阻，心肺功能勢必日臻強健。

（二）腹部按摩

腹部呼吸，能使腰肌及腹肌產生鬆緊現象，橫膈膜隨之升降，帶動內臟作輕微之按摩運動，可促使生理機能活躍。

（三）重心穩定

常人呼吸僅及於胸，使得重心在上，身軀較不易穩定。氣沉丹田，將重心降至丹田，使得重心在下，身軀即能較為穩定。

（四）氣到勁到

丹田氣足，自能生勁。一旦功力上乘，即能達到意到氣到，氣到勁到之境界，可於極短時間內，發揮極大效果。

（五）剛柔相濟

動作能與呼吸配合，即可依動作之開合虛實，提高呼吸之強度與深度，於呼氣時沉著，吸氣時輕靈，達到太極拳之剛柔相濟。

總之，呼吸之於人，可謂無所不在。行拳之時，總以自然呼吸為要，以避免氣鬱胸悶之病。早日習得正確呼吸之法，丹田氣自然得以早日涵養，早日充實。平日應常意守丹田，習拳過程中循序漸進，漸使呼吸與動作之開合、虛實、剛柔、緊鬆等自然配合，不可勉強。每一手之發起與復歸，均可與上述動作結合之，初則先注意其中之一項，繼則數項亦可同時間兼顧。過程中如覺呼吸不暢，可張口徐徐吐氣，吐畢並隨即合唇，切不可憋氣。如此練習日久，功夫自能上身。

洪允和【拳理萃真】

允軒拳語..........

膼走下弧：膼胯走圓，向上向前。　　　洪允和

【第二章】動作要點

【第二章】動作要點

　　太極拳演習拳套，以練其體；練習攦手，以操其用；體用兼備，始謂之全。演習拳套，務求外之姿勢與內之運勁之正確，是為知己功夫。而外之姿勢要求，身體各部位均具其動作要點，練拳時，若能掌握各部位之動作要點，以操其形，則其體必壯，而於攦手之用，亦有進境。

　　本章對於動作要點上之詮釋，是以　潘師所著《陳氏太極拳大全》內有關拳勢之姿勢要求為基礎，加上平日練拳與教拳之心得，參閱其他相關資料，予以整理，提出習拳姿勢上之動作要點。其中包括身體各部位於習拳時之注意事項，並提出其重要性，以助習者易於掌握學習重點，其中分類，計有頭部之頭、頂、頸；上肢部之肩、肘、腕、手；軀幹部之胸、背、腹、腰、臀，與下肢部之膃、胯、膝、足等各部。舉凡演練陳氏太極拳拳架應注意之規律，已包括週全，如能加以詳讀，親身實踐，必可得事半功倍之效。

潘文和【拳理萃真】

一、頭

頭，指頸以上部位。

潘師謂：「頭要正直，不可低頭或昂首，左右斜歪，轉動時要自然，切勿搖頭晃腦，以為靈活。要在頭上似有一條線懸住之樣子，則無論靜時或動時頭部不致有俯仰歪斜之病。面部肌肉放鬆，表情自然，不能故作精神抖擻。」

打拳時頭部須虛懸正直，不可偏歪。如是則頷部必稍向內收。呼吸通暢，頸後必稍領直，與背脊成垂直線，達於尾閭，精神則提得起，所謂尾閭中正神貫頂。

神之表現在於眼，眼於拳藝中，頗為重要。打拳時，眼不可邪視，必隨左右手而往還。拳勢運行中，意欲向何處，眼神先去，身手腿之動作隨著前去。動作時，眼神應隨主手或足轉動，不可旁視，旁視則神散，志亦不專。所謂眼隨手轉，光兼四射，即謂目光應有定向，而又不可呆視，向遠處並照顧周圍各方。初學者，眼無法隨左右手而往還，仍須向前平視，免於因眼向下，致頭部低墜，影響身體之中正。定式時，目光應視前方。兩耳則靜聽身後兼顧左右，平心靜氣，聽覺自然靈敏。

對於頭部之注意事項，以下分述之：眼往前平視。

（一）頭容正直

頭部保持正直，頸部肌肉放鬆，靈活而不可勉強呆板，使頭部有懸起之感。頷部微向內收，不可向前仰起。

（二）眼隨手轉

拳勢運行中，意欲向何處，眼神先去，身手腿之動作隨著前去。動作時，眼神應隨主手或足轉動，不可旁視，旁視則神散，志亦不

專。目光應有定向，而又不可呆視，向遠處並照顧周圍各方。

（三）呼吸自然

鼻司呼吸，與平常一樣自然，不可刻意深呼深吸。初學時，不要在意呼吸。習拳日久，呼吸漸與動作自然配合。練拳時，如感覺呼氣不暢，可張口徐徐吐氣，吐畢隨即合唇，切不可彆氣。

（四）口唇輕閉

口唇輕閉，齒輕合，舌輕抵上顎，可使口腔津液分泌較多，可以隨時潤喉，喉頭不致乾燥，同時有較多之津液咽入胃臟，有利於消化。發勁時，有時張口吐氣，須出於自然，不可強學。

頭部之重要性如下：

（一）頭正皆正

頭為一身之首，諸陽之會，五官之所，頭容正直，則一身皆正，打拳尤關重要，領其全體之精神，令其不偏不倚，全身端正。

（二）利於中正

打拳重在身法，身法之基礎在於立身中正，中正之標準，即以百會穴與會陰穴上下對準成一條垂直線，心中有此想像，有意無意之間，身軀自然中正。

洪允和【拳理萃真】

二、頂

頂，指頭之最上部。

潘師謂：「虛領頂勁和氣沉丹田是相互配合的，前者有利於提起精神，後者有利於穩定身軀重心。頂勁和沉氣之上下對稱，可以幫助產生似鬆非鬆，富於彈性之掤勁，促使精神自然提起，加速神經之靈活使全身自然鬆開，達到神氣鼓蕩之景象。」

陳鑫謂：「頂勁者，是中氣上冲於頭頂者也。不領則氣塌，領過不惟全身氣皆在上，足底不穩，病失上懸，即頂亦失於硬，扭轉不靈，亦露笨象，是在似有似無，折其中而已。」頂指頭頂百會穴，此處須虛虛領起，領之方法須在似有似無之間，頭頂百會穴輕輕上提，如同頭頂上有條繩索懸住著，稱虛領頂勁。身法中正之標準，即在於百會穴與會陰穴維持垂直之上下一條線上。

上則虛領頂勁，下則氣沉丹田，上下可一氣貫通。頂勁為以意虛領，不可硬往上頂；沉氣為心氣下降，不可硬往下壓。能夠正確掌握頂勁與沉氣，則上虛下實，重心穩定，全身動作，可輕靈圓活而沉著。

對於頂勁之注意事項，以下分述之：

（一）以意虛領

頭頂百會穴須虛虛領起，以意行氣，將中氣領至頭頂，不領則氣塌，太過則氣皆在上，足底不穩。須在有意無意之間，不輕不重，似有似無之間。

（二）上虛下實

上方之頂勁虛虛領起，提携全身運動；下方之氣沉至丹田，穩定身軀重心，兩者相互配合，上虛下實，乃合太極陰陽虛實之理。

頂勁之重要性如下：

（一）利於中正

練拳時心中想像，百會穴與會陰穴，維持垂直之上下一條線。於有意無意之間，做到不偏不倚，自然身法中正安舒。

（二）打通任督

百會穴與會陰穴上下一條線，任督二脈自然通暢，可調節全身氣血經脈，使達到陰陽調合，平衡穩定，對於健身方面，有莫大之益處。

沈元和【拳理萃真】

三、頸

頸，指頭與軀幹相連之部位。

潘師謂：「頸項之鬆豎和頂勁之虛領，有著相互之關連。如果頂勁領得太過，頸項就會連帶地強硬；頂勁領不起來，頸項也會連帶地軟塌。頸後中間之兩條大筋之中之閰門穴，下與長強穴要呼應，好像一線貫通。」

頸部須放鬆，端正豎起，不犯強硬，亦不可軟塌，總以自然為要，左右轉動方能靈活。而頸部能否鬆正豎起，與虛領頂勁之虛領，有極大之關係。頂勁領太過，頸部會連帶強硬；頂勁領不足，頸部亦會連帶軟塌。

練拳時，頸部鬆鬆地端正豎起，眼神向何處轉動，頸部亦隨之向何處轉動，能同時配合虛領頂勁，則頸部活動輕靈，無所妨礙。

對於頸部之注意事項，以下分述之：

（一）鬆正豎起

頸部欲放鬆，端正豎起，須將頷部微向內收，且眼向前平視，使頭部自然正直，精神提起，有懸起之感，則頸部自然放鬆，靈活而不呆板。

（二）與脊垂直

頸部正直，與背脊成垂直線，並達於尾閭。不但精神提得起，亦可做到尾閭中正神貫頂。

頸部之重要性如下：

（一）利於中正

頸部鬆正豎起，且眼向前平視，使頭部自然正直。頭部正直，則一身皆正，領其全體之精神，不偏不倚，全身端正。

（二）身弓弓梢

身弓以腰為弓把，闇門與尾閭骨為弓梢，闇門為頸椎之第一節。兩端之弓梢，對於化發有調節與透發之作用。力由脊發，即身弓之作用，為勁行於脊背，向外發出。

洪允和【拳理萃真】

允軒拳語..........

身肢放長：沈肩墜肘，開胯屈膝。

洪允和

四、肩

肩，指軀幹與上肢相連之部位。

潘師謂：「每着定式時，肩要與胯成一垂直線，兩肩鬆沉並有微向前合之意，氣貼脊背，兩肩骨節似有一線貫通，互通呼應。這樣舒展中就有團聚之意。」

肩部為上肢部之根節，手臂能不能鬆柔靈活，關鍵在於肩關節之有否鬆開。根節鬆了，其餘關節才能漸隨而鬆。肩關節之鬆開，須用意引導，並經一段長時間之鍛鍊，始能鬆而下沉，手臂活動之纏繞運轉，亦才能從心所欲。對於肩部之注意事項，以下分述之：

（一）鬆肩

太極拳運動講究放鬆，肩關節鬆不開，手臂即轉關不靈。鬆肩時，不用絲毫之力，要如風吹楊柳，靈活自然，毫無滯機。

（二）沉肩

沉由鬆而來，能鬆肩，自然就能沉肩。練拳鬆肩之後，欲使內勁由鬆柔趨於沉著，必由沉著上著想，即為沉肩。鍛鍊日久，可使手臂極為輕靈圓活，又極為柔軟沉重。

（三）兩肩平齊

隨時維持兩肩之平齊，兩肩間似有一平行線貫通，互相呼應，不可有一高一低，或一前一後之情形，此將破壞身法之中正不偏，須刻刻留心。

（四）肩與胯合

肩與胯間須保持上下對準，亦似有一垂直線貫通，互相呼應。動

作過程中不論前進後退，左旋右轉，兩肩與兩胯，動向一致，達到肩與胯合之要求。

沉肩之重要性如下：

（一）利於沉氣

沉肩時，全身骨節鬆軟，以肩壓肋，肋擠小腹。並引心氣下降，習練既久，下部自然沉重，有利於氣沉丹田。

（二）助於含胸

沉肩使關節鬆開，微向前合，兩脅微斂，可使胸腔放長，胸部不致緊張，有助於含胸之自然形成，橫膈膜亦能自然下降而舒展。

（三）助於墜肘

沉肩與墜肘，兩者相輔相成。能沉肩，才能墜肘，運動才得通利。沉肩墜肘之同時運用，對於氣之下沉，勁之蓄發，纏絲勁之運轉，才能發揮力量。

（四）利於蓄勁

勁以曲蓄而有餘，沉肩即含曲蓄之意，可形成曲中求直，蓄而後發之勢，將曲蓄有餘之內勁，由脊背傳至手臂發出。

（五）利於發勁

太極發勁，以手為便利，故先而沉肩，手復以向上，易使對方根本動搖。故沉肩有助於發勁，為發勁之預備動作。

洪允和【拳理萃真】

五、肘

肘，指上臂與前臂連接之關節。

潘師謂：「太極拳之肘是要始終微曲，而有下墜之勁，即所謂墜肘或謂沉肘。如果使用肘部擊人，亦要以下墜勁擊出；如果手臂上臂超過了肩部，像白鵝亮翅之右手高舉，但是肘之內勁仍舊是下墜而沉的。」

肘部連接上臂與前臂，拳勢動作中，肘始終微曲，有下墜之勁，要能鬆能活。肘部下沉，使兩脅不露空，可保護肋部，但又不可貼近肋骨，而致失去掤勁。定式時，配合周身之合勁，兩肘之前後、左右、上下須互相合住勁，肘亦須與膝上下呼應。對於肘部之注意事項，以下分述之：

（一）肘尖下沉

肘須始終微曲，肘尖常有下垂之意，與下墜之勁。若以肘部擊人，亦要以下墜勁擊出，勁始完整。

（二）肘不貼肋

肘尖下沉，使兩脅不露空，可保護肋部，但又不可貼近肋骨，而致失去掤勁，為人所乘，兩者之距離以一拳頭為宜。

（三）肘與膝合

肘膝上下相隨，相互呼應，可使身法協調，重心穩固，且動作靈活。若能配合裹臁與護肫之身法，使身軀周圍充實，會更有利於肘膝之合。

（四）受制於臂

肘之活動，受制於整體手臂之活動。拳架動作，肘關節均不可主動，須隨整體手臂之動作，順勢而動，故肘隱含著被動之特性。

墜肘之重要性如下：

（一）利於沉氣

墜肘與沉肩相配時，有助含胸拔背之自然形成，利於氣沉丹田。若肩部聳起，肘部上抬，破壞含胸拔背之姿勢，會直接影響到氣之下沉。

（二）利於沉肩

能沉肩，才能墜肘，能墜肘，亦有利於沉肩。沉肩墜肘同時運用，對於氣之下沉，勁之蓄發，纏絲勁之運轉，才能發揮力量。

（三）利於蓄勁

墜肘亦含曲蓄之意，墜肘與沉肩相配時，可形成曲中求直，蓄而後發之勢，將曲蓄有餘之內勁，由脊背傳至手臂發出。

（四）利於發勁

太極發勁，以手為便利，墜肘與沉肩相配，可將纏絲勁由大圈收縮為小圈，有利於將勁蓄足，手復以向上，使對方根本動搖。

六、腕

腕，指前臂與手掌連接之關節。

潘師謂：「坐腕是手臂之纏繞屈伸，腕部不強硬、不軟弱，動度極小而柔活地隨著手臂動作，而可擴大身法呈顯鼓蕩，達到一動俱動之目的。」

腕關節於全身關節中最為靈活，轉動亦最多，練太極拳時，則須反其道而行，不欲讓它靈活轉動。其作法，是要求腕部要坐腕。拳勢纏繞運行中，腕部不可強硬，使動作僵硬，亦可不得軟弱，使失去掤勁。須柔活地隨著手臂動作，使內勁之傳導，能起於腳跟，通於脊背，而形於手指。對於腕部之注意事項，以下分述之：

（一）坐腕

腕關節大致固定，前臂與掌背平行，即為坐腕。腕部不可強硬，使動作僵硬；亦可不得軟弱，使失去掤勁。活動時之動度極小，不可太過靈活。

（二）旋腕

坐腕形態，柔活地隨著手臂旋轉纏繞，即為旋腕。旋腕應貫徹勁之節節貫串，完成內勁其根在腳，通於脊背，至肩、肘、腕，最後形於手指之過程。

坐腕之重要性如下：

（一）內勁貫注

內勁之傳導，其根在腳，通於脊背，至肩、肘、腕，最後形於手指。至腕時，須坐腕，掌根微微著力前凸，使意勁貫足於指尖。

（二）手弓弓梢

　　手弓以肘為弓把，手腕與鎖骨為弓梢；兩端之弓梢，對於化發有調節與透發之作用。顧留馨：「弓梢必須固定，前後對稱，手在鬆柔靈活中用坐腕來固定，鎖骨用意來固定，不使偏倚搖擺。」

七、手

手,指腕以下之部位。

潘師謂:「手在太極拳中,有手指張開之掌,手指握緊之拳,和五指撮在一起之鈎手三種形式。在太極拳套路中用掌的最多,拳次之,鈎最少,有些着式中掌拳可以活用,並不絕對一定,總以隨勢自然為要。」以下即依掌、拳、鈎手之順序分述之:

(一) 掌

掌又分為掌與指兩部分。掌,指手心。指,指掌前端之分支部分。

潘師謂:「初學拳時,出掌與收掌都以自然舒展為主,手指不要用力併緊或用力張開,掌心不要故意做成窩形。等到功夫較深時,動作懂得分虛實,掌上自然亦有虛實。」「掌之手指要鬆舒,大指微直與食指分開後彎,其餘四指輕輕地並攏微直,指端微向後彎,可使手指鬆開伸張。這樣在開合時,可以引導內勁達向指梢,並可免手臂有鼓勁之拙力。」

陳氏太極拳因有纏絲勁之螺旋運轉,故手形會因虛實而表現不同,掌與指隨之亦自不同,但總以自然舒展為要。

拳式中之掌形,依其出掌與收掌目的不同,有時會形成手掌微帶窩形,五指均輕微向內合攏之虛掌;有時亦會形成掌根微微著力前凸,意勁貫於指尖之實掌。若依纏絲勁之方向而言,掌又可分為由內向外旋轉之順纏掌,與由外向內旋轉之逆纏掌。此虛實之變化,均會發生於拳勢運行之中,各有不同表現形態,是吾人所須注意者。

指宜分開伸直,忌爪狀。伸直氣血可注於指尖,勁即可達於指尖,但伸直切不可著力。拳式中隨著動作之運行,各指旋轉之順序及彎度各自不同,食指之彎度最大,依次漸漸縮小彎度,形成螺旋狀,使勁力集中,加強纏絲勁之作用。對於掌指之注意事項,以下分述之:

1. 勁至掌緣

實掌時，勁至指尖與掌緣。須坐腕，掌根微微著力前凸，使意勁貫足。

2. 自然舒指

指不可並攏之太緊，亦不可用力張開，總以自然伸直，並以能隨勢靈活運轉為佳。

3. 注視主手

定式時，眼神應注視主手之中指，徐徐貫足內勁，一指貫足勁，其餘四指自然亦會隨之貫注勁，且同時引動下著之機勢。

4. 三尖照

使手尖、腳尖、鼻尖對齊，形成三尖照。每著定式時，手尖與腳尖上下前後相呼應，兩手尖亦須互相呼應，而大部分姿勢中，手尖與鼻尖亦常相對。

（二）拳

拳，指手屈指捲握成之形狀。

潘師謂：「握拳之形式，四指併攏，用中指尖領勁，一齊捲曲，指尖貼著掌心，再用大指肚貼於中指中節上，握成拳形，是為實心拳，不是空心拳，但是不要握得太緊，鬆鬆地握住即可。」

太極拳雖是主張柔和，但是握拳不可鬆成空心。四指捲屈，指尖應貼於掌心，須握成實心拳。但握時，亦不可握之太緊，要輕輕自然地握住，並配合坐腕，使腕部穩固，並須有團聚之意念，有分之不開，擊之不散之作用。如此，握拳出擊時，才不致受傷。若依纏絲勁之方向而言，拳又可分為由內向外旋轉之順纏拳，與由外向內旋轉之逆纏拳。對於拳之注意事項，以下分述之：

1. 握實心拳

握拳之形式，四指並攏捲屈，拇指橫置於食指與中指之第二節上，指尖貼於掌心，是為實心拳。但不可握得太緊，鬆鬆握住即可。

2. 著人成拳

陳鑫謂：「去時撒手，著人成拳。」蓄勁時，拳要虛握，於發勁之瞬間，才把拳緊握，迅速盡力擊出，擊出之後，又立即虛握。

3. 配合虛實

拳之由虛握成緊握，或由緊握成虛握，與拳由掌變拳，或由拳變掌，均須與整體之虛實、呼吸、纏絲勁配合，開時則俱開，合時則俱合。

（三）鈎手

鈎手，指五指撮在一起。

潘師謂：「鈎手在技擊上是擒拿之手法，有刁、拿、鎖、扣之作用，也可以用鈎手之手背腕骨處擊人。」

鈎手為五指撮在一起，手指向下，為練習腕力與指力之手法，亦有擒拿之作用。形成鈎手之方法，是將五指依順序撮在一起，先是小指，無名指，中指，再而食指捲攏，大指輕貼於食指與中指稍節，無名指與小指則輕貼於大指根旁。五指撮成鈎手時，須輕鬆撮住，不可用力。鈎手可分為順逆兩種，但在拳術中，鈎手之應用，則以逆纏為主。其過程，是由掌變鈎，掌由外向內旋轉，手指撮住下垂而成。對於鈎手之注意事項，以下分述之：

1. 乘勢變鈎

鈎手之由掌變鈎，是於纏絲勁之轉圈中，乘勢而變鈎。其順序，先是小指，無名指，中指，再而食指捲攏，大指輕貼於食指與中指稍節，無名指與小指則輕貼於大指根旁。

2. 擒拿手法

鈎手於技擊上為擒拿之手法，是與人交手，於乘勢中，由掌變為鈎之運用，有刁、拿、鎖、扣之手法，可產生節膜、拿脈、抓筋和閉穴等作用。

八、胸

胸，指軀幹之前方，頸以下腹以上之部位。

潘師謂：「胸部左右胸肌之變換虛實，是在胸微內含，兩鎖骨微鬆沉之情況下，來操作完成而管制兩手之虛實，做到上於兩膊相繫之作用。」

胸部應維持放鬆狀態，使胸肌寬舒自然，不可挺胸，亦不可凹胸；因挺胸是向外擴張，凹胸向內收縮，兩者均會使肌肉產生緊張，影響動作之靈活。較為重要之作為，則為含胸，是將兩肩自然鬆開下沉。含胸為蓄勢，打拳時並非始終含胸，而是隨動作而變。凡是運用化勁時，須以含胸幫助手法之運轉，在每着定式時胸部要平正，可自然形成腹部呼吸。對於胸部之注意事項，以下分述之：

（一）蓄勢含胸

含胸是將兩肩自然鬆開下沉，胸部有含合之意。蓄勢時胸部內含，發勢時胸部則較為平正。

（二）固定鎖骨

胸部關聯著上肢之虛實，須以精神貫注，固定胸前之兩根鎖骨，穩定上身，使身法正而不散。

含胸之重要性如下：

（一）利於沉氣

在兩肩鬆開微向前合，兩脅微斂姿勢下之含胸，能使胸腔放長舒展，習練既久，下部自然沉重，並自然形成腹部呼吸，有助於氣沉丹田。

（二）管制兩手

胸肌之虛實配合手之虛實；右胸肌實時，右手為虛，左手為實；左胸肌實時，左手為虛，右手為實。是在胸微內含，兩鎖骨微鬆沉之情況下，操作完成而管制兩手之虛實，做到上於兩膊相繫之作用。

（三）利於化勁

當胸部略內含時，背部之肌肉往下鬆沉，兩肩間之脊骨鼓起上拔，形成拔背。含胸拔背有利於化勁與蓄勁。

九、背

背，指軀幹之後方，頸以下腰以上之部位。

潘師謂：「背部有督脈，各腧穴是人身氣血之總會，臟腑經氣都是由腧穴而相互貫通。練架時能使肩背部分之肌肉得到舒展活動，使脊椎骨有力而富於彈性，可以達到調和氣血，開通閉塞，對消化和吸收機能及代謝方面，能有良好之效用。」

背部居於人體軀幹之後方，其中央有一連串骨頭相連之脊椎，為頭部與身體之主要支柱，除支撐人體之重量，其中之中樞神經系統，亦控制著全身之機能。

陳鑫論打拳之關鍵：「在百會穴下，自腦後大椎通至長強，其動處在任督二脈。」直指打拳之關鍵即在於脊骨。所有拳勢之動作，亦完全通過腰與脊來帶動。背脊實居人身之重要地位。因背部與軀幹前方之胸部相關，故胸部不當之挺胸與凹胸，均會影響背部之狀態。對於背部之注意事項，以下分述之：

（一）背部放鬆

練架時，將背部肌肉放鬆，運用纏絲勁運轉時，產生之伸長與收縮，使背部肌肉得到舒展活動，使脊椎骨有力而富於彈性。

（二）不可駝背

背不可故意用力上拔，以免練成駝背。含胸與拔背是相聯的，當前方之胸部略內含時，後方之背部自然隨之而成為拔背。

拔背之重要性如下：

（一）利於沉氣

能含胸拔背，並配合沉肩墜肘，習練既久，下部自然沉重，並自

然形成腹部呼吸，有助於氣沉丹田。

（二）力由脊發

發勁時，主要之勁力來源，循背脊發出，稱為力由脊發。力由脊發即是由於拔背之作用。發勁不用絲毫拙力，與腰部配合，使內勁通於脊背。

允軒拳語..........

　　　肘部下沈：始終微曲，肘勁下墜。　　　洪允和

十、腹

腹，指胸腔與骨盤相連之部位。

潘師謂：「氣沉丹田是腹部因動作而時鬆時緊地運動著，練習日久後，腹部自然會充實圓滿，並有一種氣流旋轉之感覺，有氣騰然之景象。」

腹部是是大部分消化道之所在，以臍為中界，分上腹部與下腹部。太極拳要求氣沉丹田，其丹田之位置，即位於臍下之下腹部，練拳作氣沉丹田之沉氣想像時，下腹部會感覺有些充實圓滿。陳鑫謂：「至於中氣歸丹田之說，不必執泥，但使氣降於臍下小腹而已。」對於腹部之注意事項，以下分述之：

（一）不可用力

不可強壓腹部，用力鼓氣，致生流弊。須放鬆腹部之肌肉，以意引導氣之流動，久之，自然能達到下腹部之充實圓滿，且漸隨功夫之深入，而產生氣騰然之感覺。

（二）丹田出入

以意導氣，作氣沉丹田之想像，使呼氣時從丹田出，吸氣時歸入丹田。練拳每一式完成時，尤須做到將氣吐盡；並使橫膈膜下降，小腹自然微凸。操之習慣，日久自能於不知不覺之中，做到心氣下降，丹田充實。

氣沉丹田之重要性如下：

（一）心肺強健

氣沉丹田，能使心部鬆下，心部得而安放舒適；而肺部又隨心部之鬆下，呼吸得而暢通無阻，心肺功能勢必日臻強健。

（二）腹部按摩

　　氣沉丹田，能使腰肌及腹肌產生鬆緊現象，橫膈膜隨之升降，帶動內臟作輕微之按摩運動，可促使生理機能活躍。

（三）重心穩定

　　常人呼吸僅及於胸，使得重心在上，身軀較不易穩定。氣沉丹田，將重心降至丹田，使得重心較下，身軀較能穩定。

十一、腰

腰，指人體軀幹中間，肋以下髖骨以上之部位。

潘師謂：「腰部是人身上下體轉動之關鍵，對於全身動作之變化，調整重心之穩定，對於推動勁力到達肢體各部分，都有主要之作用。」

腰部為全身開合轉換之主要關鍵，打拳時每一動作，均主宰於腰，由腰部發動起，如車軸般之直豎與穩定，不搖擺，不軟塌，帶動內氣與四肢如車輪般之圓轉，而達四梢。而腰部之下塌，則特別顯現於蓄勁，及定式時之狀態。經由塌腰，能使氣沉至丹田，勁力沉著含蓄，而塌實雄厚。

膻之開合虛實，與腰之變換虛實，亦須密切配合，才能發生良好之作用。柔化時，要活腰鬆膻，動作方能靈活不滯，所謂不鬆則滯；發勁時，要擰腰扣膻，出勁方能沉著透達，所謂不扣則散；每著勢之成時，亦為蓄勁時，要塌腰合膻，方能顯得沉著含蓄，所謂不合則浮。對於腰部之注意事項，以下分述之：

（一）要靈

腰部靈活，則勁可鬆，要點在於使身體不僵硬。各關節自然放鬆，貫串全身上下，使操縱運轉自如，達到勁整而平衡。

（二）要塌

腰勁下塌，則氣可沈，要點在於使內氣不上浮。勁塌時內氣下沉，使小腹充實圓滿，氣沉丹田，下肢穩當有力。腰勁下塌時，須避免腰部往下硬壓，致生弊病。

（三）要直

腰部直豎，則身可正，要點在於使命門不內凹。直豎時身體才能

62

洪允和【拳理萃真】

中正，穩定承受上身之體重。腰部直豎時，須避免腰部往上硬拔，致生弊病。

（四）與膯配合

腰部之變換有撐、活、塌之別，須同時與膯部之扣、鬆、合相配合。如腰撐則膯必扣，不扣則散；如腰活則膯必鬆，不鬆則滯；如腰塌則膯必合，不合則浮。

塌腰之重要性如下：

（一）利於中正

塌腰落胯時，配合脊骨之節節虛虛對準，使百會穴至會陰穴想像成一條線，上下垂直對準，尾閭自然正中，而立身中正。

（二）充分蓄勁

塌腰落胯有助於沉氣至丹田，使蓄勁之勁力沉著雄厚。配合頭部之虛領頂勁，胸部之沉心靜氣，與腿部之用意內合，使周身皆能合住勁，充分達到蓄勁之要求。

（三）下盤穩固

氣能沉至丹田，重心下降，自有穩定效果。再加以塌腰落胯，配合胯部之放鬆，與膯部之虛圓，使下盤沉著含蓄，可更形穩固。

十二、臀

臀，指人體後方，兩腿上端與腰相連之部位。

潘師謂：「臀部翻起之實際操作，是在尾閭正中之自然狀態下達到的，在立身中正之大前題下做到的。前膛合住，後臀自然翻起，可知並非臀部外突之勢，尾閭仍是正中的。同時前膛合住，是由於小肚聚氣合住膛勁，因此也加強了橫膈膜之運動，使腹肌彈性增強，內部大小腸和泌尿生殖器官強健，有益於健身和技擊。」

太極拳對於臀部之要求為斂臀，臀部向裏收進，而不能向外突出。因斂臀之實際操作中，可使骶骨末節之尾閭，得其正中，以符合練拳姿勢之要求。尾閭正中之練法，是將臀部前收，脊骨根向前托起丹田，脊骨根並向前對準臉部中間至臍之垂直線。一般練拳之收尾閭，其目的即為使尾閭維持正中。十三勢歌云：「尾閭中正神貫頂」，即因尾閭中正，始全身可以中正，才能神貫頂。對於臀部之注意事項，以下分述之：

（一）斂臀

斂臀是臀部向裏收進，若外突或過份內收，會影響尾閭之正中，同時也破壞立身中正。斂臀之正確操作中，可使骶骨末節之尾閭，得其正中。

（二）尾閭正中

練拳時能夠做到立身中正，不稍偏斜，尾閭已然中正；欲其正中，則為正當其中，須有對準之意。尾閭正中之練法，是將臀部前收，脊骨根並向前對準臉部中間至臍之垂直線。

潘光和【拳理萃真】

尾閭正中之重要性如下：

（一）定向舵手

練拳時尾閭作為動作定向之舵手，我意欲向何處，脊骨根便直對何處，亦即對動向起著舵手之作用，賴以保持平衡與操作轉動方向。如此，轉動時能處處保持尾閭正中，身法自能時時保持中正了。

（二）增強腹肌

臀部前收時，同時會將前膛合住，因此亦加強橫膈膜之運動，並使腹肌彈性增強，有益於健身與技擊。

（三）膕勁自足

臀部前收時，配合胯開膝合，有膕自開圓，膕勁自足之效果。可使轉動更靈活，足底更有力而穩固。

十三、膪

膪，指兩大腿會合之部位。

潘師謂：「膪之要求是要圓，又要虛。膪要鬆開，不可夾住形成人字之尖膪。胯根撐開，兩膝微有向裏扣之意思，膪自然會圓。」

膪部之要求為圓虛，太極拳家把膪之圓虛，簡稱為吊膪；把虛領頂勁簡稱為提頂，兩個名稱相配對，稱為提頂吊膪，並以之作為身法之標準。膪部圓虛之作法，是將胯根撐開，兩膝微有向裏扣之意，膪自然會圓。將膪部之會陰穴虛虛上提，不使有下蕩之意，膪自然會虛。

膪部能虛，能開，能圓，則轉換靈活。同時配合腰胯之鬆沉，臀部自然內收，膪勁自然充足，下盤自然穩定。而相對於膪部圓虛之穩定，則須避免產生尖膪與蕩膪之弊。即兩胯不得開得太窄，身形太過上拔，成人字形之尖膪；亦不可開得太過，膪之高度低於膝蓋，則成虛浮之蕩膪，兩者均不利於身體之穩定。

膪之開合虛實，與腰之變換虛實，亦須密切配合，才能發生良好之作用。柔化時，要活腰鬆膪，動作方能靈活不滯，所謂不鬆則滯；發勁時，要撐腰扣膪，出勁方能沉著透達，所謂不扣則散；每着勢之成時，亦為蓄勁時，要塌腰合膪，方能顯得沉著含蓄，所謂不合則浮。對於膪部之注意事項，以下分述之：

（一）要虛

膪部之會陰穴虛虛上提，不可著絲毫之力，不使有下蕩之意，膪自然會虛，轉換才能靈活，此即為吊膪。

（二）要圓

膪部虛了，才能開，開了才能圓。故兩胯根撐開，兩膝微有向裏扣之意，膪自然會圓。膪圓即可承擔重量，下盤就穩固。

（三）避免蕩襠

當身體下蹲，兩胯開得太過，襠之高度低於膝蓋，則成蕩襠，將使得會陰之氣不能上升，腿之根盤虛浮。

（四）避免尖襠

當兩胯開得太窄，身形太過上拔，則成人字形之尖襠，將使得轉動不靈，不能靈活變換，而重心不穩。

（五）與腰配合

襠之開合虛實，與腰之變換虛實要密切配合，才能發生良好之作用。柔化時，要活腰鬆襠；發勁時，要撐腰扣襠；定式與蓄勁時，要塌腰合襠。

襠部之重要性如下：

（一）利於中正

練拳時心中想像，襠部會陰穴與頭頂百會穴，上下對準一條線，於有意無意之間，做到不偏不倚，自然立身中正安舒。

（二）利於發勁

太極拳之發勁，為曲中求直，須有腰襠部之變換以助勢，增加直射速度，使發勁正確而沉著鬆淨。且腰襠部之配合變換，同時亦可增加身體之穩定性。

（三）足底有力

襠部能虛，能開，能圓，則轉換靈活，同時配合腰胯之鬆沉，臀部自然內收，襠勁自然充足。襠勁充足，足底即有力，樁步就穩固。

十四、胯

胯，指腰與大腿相連之部位。

潘師謂：「練拳要加深功夫，加大運動量，架子一步一步地逐漸向低練，稱作低架子，關鍵亦在胯關節之開張，練架邁步時，實足之胯根要微向裏抽而下沉，隨著轉腰之同時，姿勢向下蹲，將邁步之腿緩緩伸出，逐漸轉移重心於另一腿，到定式時落胯塌腰。這是練太極拳要加大運動量之唯一方法。」

下肢部之關節，先要求鬆開胯關節，胯關節開了，其他關節才能開。陳鑫謂：「兩大腿根要開，開不在大小，即一絲之微，亦算得開，蓋心意一開，即開矣，不會開者，腿雖岔三尺寬，不開仍然不開，是在學者細心參之。」開胯不在大腿之岔開寬狹之形式上，而是要在意念上之開。故開要開之以意，即一絲之微，亦算得開。但胯開得太過，就有蕩膁之毛病，下部就不能穩固；倘使開得太狹，就有尖膁之毛病，引進後坐就不能靈活。所以胯開得要適乎中，勿使有過或不及之弊。

練拳中之前進後退，兩胯關節必須直豎齊進齊退，或均勻抽換，務必做到不偏不倚，與兩肩關節相對，動向一致，處處符合肩與胯合之要求，有助於始終保持尾閭正中，達到立身中正之要求。對於胯部之注意事項，以下分述之：

（一）開胯

活腰時，特別注意須開胯。胯關節開了，其他下肢部之關節才能開。開胯不在大腿之岔開寬狹之形式上，而是要在意念上之開。

（二）落胯

塌腰時，特別注意須落胯。胯落正，且穩當落於大腿上，可使下盤穩固，身體更加放鬆，並能將身體之重力與受力，順暢傳遞至腳

底，落胯同時亦有加大運動量之效果。

（三）避免蕩襠

當身體下蹲，兩胯開得太過，襠之高度低於膝蓋，則成蕩襠，將使得會陰之氣不能上升，腿之根盤虛浮。

（四）避免尖襠

當兩胯開得太窄，身形太過上拔，則成人字形之尖襠，將使得轉動不靈，不能靈活變換，而重心不穩。

（五）與腰相順

腰部轉動，連帶著骨盤之轉動，因之轉腰即是轉腰胯，胯關節為調整腰腿動作之關鍵，胯關節鬆開靈活，腰腿之轉動自然靈活，而相順相遂。

（六）胯與肩合

肩與胯間須保持上下對準，亦似有一垂直線貫通，互相呼應。動作過程中不論前進後退，左旋右轉，兩肩與兩胯，動向一致，達到肩與胯合之要求。

開胯之重要性如下：

（一）利於圓襠

襠部須圓襠，始可承擔重量，下盤才能穩固。而襠之能否開圓，全在於胯部之開，膝部之合，能開胯合膝，則襠自圓。

（二）助於腰脊

腰脊為全身開合轉換之主要關鍵，須有膃胯之輔助，始能充份發揮其作用，運用離心力與向心力，使內勁從丹田達於四梢，與歸於丹田。

（三）足弓弓梢

足弓以膝為弓把，胯骨與足跟為弓梢。兩端之弓梢，對於化發有調節與透發之作用。故須開胯，才能活動靈活，有助於弓梢間之對正。

洪允和【拳理萃真】

允軒拳語..........

　　步法正確：前弓側弓，方位清楚。　　　洪允和

十五、膝

膝，指大腿與小腿相連之關節。

潘師謂：「練架邁步時先要提起大腿，要使力聚於膝關節來帶動腳跟提起。踢腿或一腿獨立動作時，先須提腿把力量集中於膝部，膝蓋上提之高度至少要與胯平，胯部能夠開得開的，可以提高到膝與心口齊平。提膝把力量集中於膝關節，可以把全身之勁力節節貫串地透達於足尖，加強發力。」

太極拳運動中，因全身放鬆，腿部因而須支撐更大之重力，然承受重力越大，膝蓋軟骨磨損之機率越大，肌腱亦易受傷，故如何安排膝關節於正確位置，使膝關節不致因受力不當而受傷，且上下勁力得以貫串，至為重要。初學者應先練高架子，使膝關節不必承受太大負擔。練習日久，視情況再逐漸把姿勢降低，以減少受傷機率。

每着定式時，膝關節須有微向裏扣之意，兩膝前後或左右，互相呼應，配合著胯根撐開撐圓，把膪勁合住，可使下盤沉著有力，膪部也能保護得住。前足弓出踏實時，膝尖不可超出腳尖，以膝關節略為向前越出垂直線，而以不超出腳尖為度。對於膝部之注意事項，以下分述之：

（一）先練高架

初學者應先練高架子，使膝關節不必承受太大負擔。練習日久，漸漸把姿勢向下，逐漸練中架子至於低架子。如此活動量由小到大，循序漸進，以免膝關節受傷。

（二）膝與胯平

踢腿或一腿獨立動作時，先須提腿把力量集中於膝部，膝蓋上提之高度至少要與胯平，甚至可提高至與心口齊平。提膝把力量集中於膝關節，可以把全身之勁力節節貫串地透達於足尖，加強發力。

（三）往來弧線

膝部之前弓後退均走弧線，絕不直往直來。邁步時之作法，是先坐穩一腿，屈膝鬆胯，穩定重心之後，另一腿再緩緩地弧形邁出。

（四）膝與肘合

肘膝上下相隨，相互呼應，可使身法協調，重心穩固，且動作靈活。若能配合裹臁與護肫之身法，使身軀周圍充實，會更有利於肘膝之合。

（五）受制於腿

膝之活動，受制於整條腿之活動。拳勢動作中，膝均不可主動，須隨整體腿部之活動，順勢而動，故膝隱含著被動之特性。

（六）不過腳尖

前足弓出踏實時，膝尖不可超出腳尖，否則會失去平衡。前足之弓出，以膝關節略為向前越出垂直線，而以不超出腳尖為度。

膝部之重要性如下：

（一）利於圓臁

臁部須圓臁，始可承擔重量，下盤才能穩固。而臁之能否開圓，全在於胯部之開，膝部之合，能開胯合膝，則臁自圓。

（二）完整一氣

膝關節為由腳而腿而腰，完整一氣之關鍵所在。故於上下一條線中正安舒之姿勢下，勤於鍛鍊，以使膝關節靈活，而富於彈性。

洪允和【拳理萃真】

十六、足

足，指人體之下肢，或踝以下之部位。

潘師謂：「步法之進退轉換，要虛實分明；前進後退，身腰隨著轉換。邁步要輕靈，不可重滯；落步要穩健，不可搖擺、顫動或沉重、填實。全身之支撐平衡和動作之靈活與遲滯，完全決定於步法之是否正確。」

兩足之運轉，始終不離纏絲勁，手在旋轉，足自然隨之旋轉，陳鑫謂：「足隨手運，圓轉如神。」足跟之擰轉，似螺絲釘之轉；足尖之轉，則似時針之轉。足尖內扣，猶如足跟之螺絲擰緊牢固，有萬鈞之力；足尖外撇，則猶如足跟之螺絲擰鬆活動，使上卸步靈活。

拳勢運行中，腳之向前時，先提大腿，以膝帶起足跟，足尖斜向下垂，再由屈而伸，緩緩邁出，足尖由下垂漸漸為上翹，以腳跟內側著地，再而足掌、足趾依次著地，前腳足尖正直微微內扣，全面落實。後腳亦隨動作將足尖轉正，兩腳同時內扣，一齊合住。後退時，先提大腿，亦要以膝帶起足跟，足尖斜向下垂，再緩緩後伸，先輕落大趾尖，再而足掌與足跟落地，全面落實。動作中，亦須於定式時，前腳隨動作將足尖轉正，與後腳同時內扣，一齊合住。左右出步時，有似前進時之動作，以足跟內側著地，再而足掌、足趾依次著地，亦有以足尖著地，再而足掌與足跟著地。

陳鑫有足五趾用力抓地之語，常使學者萌生疑惑，蓋拳由始至終均要求放鬆，為何此處又提出要用力？試將「用力」二字之間，再加註解成為「用好之力」，則此言即無有疑義。蓋因惟有用好之力，虛實才能變換靈活，不致因使用拙力，足底肌肉繃緊，無法放鬆，而動作呆滯笨重。五趾抓地之目的，可得兩足之鈎勁。鈎勁乃腳上之功夫，是一種勁。陳鑫謂：「兩足常用鈎勁，須前後合住勁。」打拳時兩足尖方位，朝同一方向平行，足部即有鈎勁。以鈎勁合住兩足，則根盤穩固，並可合全身之勁。

對於足部之注意事項，以下分述之：

（一）手足協調

足部之步法與手臂之動作須協調一致，且分賓主。當原地變換動作時，以手為主，足隨手運轉；當邁步進退時，以足為主，手隨足運轉。

（二）虛實分清

手與足之虛實，原則上為左右交叉，即左手實則左足虛，而右手虛則右足實，相反則反是。此為虛實之上下相隨，有虛實相濟之功用，亦為內勁得到中正之關鍵。

（三）往來弧線

足部之步法均走弧線，絕不直往直來。邁步時之作法，是先坐穩一腿，屈膝鬆胯，穩定重心之後，另一腿再緩緩地弧形邁出。

（四）勁至趾尖

勢之外開時，內勁運行，由丹田順著經絡之路徑，向外螺旋地上達於手指尖，與下達於足趾尖。

（五）五趾抓地

五趾須用剛好之力，此為用力勿過之力，亦為無力之力。如此虛實變換靈活，不致因使用拙力，使動作呆滯笨重。

洪允和【拳理萃真】

足部之重要性如下：

（一）步法根基

足為拳術步法之根基，可提供步法之靈活穩健，根基穩固，亦可作為全身之支撐，及上身變換靈活之基礎。可見足部之重要地位。陳鑫謂：「千變萬化由我運，下體兩足定根基。」

（二）合住全身

以兩足之鈎勁，合住全身各部之勁。運用虛實之互換，使重心永遠正中，身形於穩定中，圓轉自如，毫無窒礙。

【第三章】用拳之理

　　陳鑫學拳須知：「學太極拳先學讀書，書理明白，學拳自然容易。」書理何也？即言太極拳之理也。太極拳為依據太極陰陽，自然之法則所演變之拳法。太極拳之理，即陰陽、動靜、剛柔等理，而用拳之理，則演繹為屈伸、進退、開合、虛實、引進、收放、弛張等身體之操作。如陳鑫謂：「打拳運動，須法天地之運動，亦即法太極之運動。」

　　用拳既具其理，自須明其理，並有所遵循；所遵循者，規矩也。此規矩存於拳勢動靜之間，並實踐於太極拳之拳架，此為習者須明瞭之點。是故，習者必先明白用拳之理，遵循規矩，並依之鍛鍊，以求其合度。並用意於每着拳勢之起、承、轉、合，必使一氣貫通，神氣毫無隔斷。日久機趣橫生，致豁然貫通。

洪允和【拳理萃真】

一、心為樞紐

陳鑫謂：「拳在我心，我心中天機流動，活潑潑地，觸處皆拳，非世之以拳為拳者比也，此是終身不盡之藝，非知之艱，行之惟艱。」其所著《陳氏太極拳圖說》中，繪有運動氣機圖，說明心之重要性，與其居人體主宰之喻：「心如將軍，氣如兵；將軍一出令，則士卒皆聽命。清氣上升行于手，濁氣下降形于足。」可見心之重要性。欲清氣上升，非平心靜氣不可，心者，誠為練拳之樞紐。練拳時之用心，即謂之操心。能操心，則心神內斂，一切動作，按部就班，合於規矩。而操心時，應抱以敬心與靜心之態度，持之以恆，精神貫注，操心於身體各部之演練，拳架自能合乎規矩，而漸入佳境。以下分述之：

（一）敬心

心要虔誠恭敬。學太極拳若是不敬，則外慢師友，內慢身體，藝亦難精，故練拳必存有恭敬之心，神氣才能積聚而不散漫。

（二）靜心

心要沉潛安靜。心之所發者正，則身之所形者亦正；心之所發者偏，則身之所形者亦偏，如人平心靜氣，則手法身法，即能自然端正。

演架時之敬心與靜心，為端然恭正，壹志凝神；摒除雜念，耳如不聞，視而不見。使神氣和順，毫不緊張，無思無慮，動作安適自然。以心為宰，意為導，將吾人心之所想所欲，以氣行之，並由氣之運行，運動肢體而行之，即所謂之以心行氣，以氣運身。於平心靜氣緩緩調息之中，以意導氣，使每一動，氣自丹田達於四梢，每一靜，氣自四梢歸於丹田。日久，丹田自然氣足而生勁。

有關敬心與靜心之論，曾發表於所著《陳氏太極拳基礎24式》一書，文中臚列出太極拳默會知識之學習核心，其中之首要，即為敬靜入拳。謂任一學習前，均必先安頓其心，始能由心安而入於拳，而安頓其心之要素，必著重於敬心與靜心，以此為練拳過程，漸入懂勁之先。

　　演架既能操心，即能以安定平和之心情，謹慎恭敬之態度，加以積年累月之鍛鍊，則手足動作日趨和順輕靈，圓轉自如，再於定式時加以沉著之鍛鍊，使身體更具彈性，體內積聚之能量，自能與日而俱增。

二、意無侷限

　　意是意識，指一切精神活動，太極拳講究以意導氣，以氣運身，是以意去引導內氣，並帶領肢體動作。陳鑫：「心如將軍，氣如兵；將軍一出令，則士卒皆聽命。」將軍一出令，欲士卒皆聽命，其中將軍與士卒間，必有一居間之聯繫，此乃是傳令；而心與氣之間，居此傳令之職者，則為意。走架中，動作之路徑，內氣之運行，皆因我心中有感而發，致產生之作為，此為用意，即意之作用。

　　意之所至，可海闊天空，擴及無限。就如同月球之距離地球，平均有三十八萬四千多公里，論人之感官，僅能止於吟風詠月，敬而遠觀，但論及意，卻可無遠弗屆，無有侷限。人雖在地球，卻可意在月球，甚至想像漫步於月球之上。意亦可通達極微，打拳時任一動作，即使再細微，亦須經過腦之想像，用意指揮；包含陰陽剛柔之變，運動行經之徑，手足使用之力，均隨意而行，以肢體動作，到達所欲之處，習拳者，若能善用意，將可發揮極大之潛力。以下分述用意時之重點：

（一）用意不著意

　　拳式之一舉一動，全在用意，須在有意無意之間，所謂用意而不著意，因一著意，無形中可能就著力了。

（二）用意不用力

　　拳式之一舉一動，須用意不用力。不用力，並非單純指一點力都不用，而是指不用拙力，只用最少之力。最少之力，是能將手足舉起，能使四肢運動即可之力。力不可過，過則失之於硬。

（三）用意於規矩

　　於用意不用力之原則下，須先注意動作之規矩，亦即手眼身步法

之要求，使練拳之姿勢正確。用功日久，自然僵勁漸漸袪除，再而揣摩太極拳之拳理要點。

（四）用意不外馳

練拳須正心誠意，摒除雜念，專心一志。專心一志，意不外馳，則心自靜；心靜，乃能空闊而心正；心正，而神氣自生。

拳架中意念之想像，即為用意。專心練拳即能練意。我心想如何去動，肢體即隨之而動，所謂先是意動，而後形動。於不斷操作我之意，帶領我之形過程中，意與形於不斷專心致志中，更加緊密連結。長久專注於此，意自然越練越專，而達意到氣到，氣到勁到之境地。

洪允和【拳理萃真】

允軒拳語..........

變換皆圓：由小放大，由大縮小。

洪允和

三、中氣貫通

太極拳之言氣，並非呼吸空氣之氣，而是一種內氣，是人身經絡中通行之氣。此氣若能不偏不倚，得其中正，則為陳鑫所稱之中氣。陳鑫謂：「中氣即太和之元氣，不偏不倚，無過無不及。」又謂：「氣之不滯不息，不乖不離，不偏不倚，是為中氣。是人所秉受於天，本來之元氣。」故丹田氣之鍛鍊，以求不偏不倚，無過無不及之中氣為首要。

中氣為一股氣，發自丹田，行於骨中。其形於肌膚者，謂之內勁，因陳氏太極拳之拳式動作為螺旋形，故亦謂之纏絲勁。陳鑫謂：「其勁皆發於心內，入於骨縫，外達於肌膚，是一股勁，非有幾股勁，即氣之發於心者，得其中正即為中氣。」中氣涵養之法，須拳式動作正確，且練習熟練後，於心靜狀態下，發之於心，並配合呼吸，行之以意，開時為呼，合時用吸，使呼吸之氣由丹田出入，即由丹田出，並入於丹田。此以想像力支配生理作用之法，經由一段時日鍛鍊，自能產生效應。漸而每一動作，只要意念一到，氣亦隨之產生活動，達到意到氣到之效果，一旦中氣貫足，則精神團聚，自能產生一股至柔至剛，而一氣貫通之勁。以下分述中氣運行之重點：

（一）至柔至剛

中氣之剛，是一種至大至正，無堅不摧之剛；中氣之柔，是一種至和至順，無強不化之柔，中氣之剛柔皆具，陰陽合德，令人進不敢進，退不敢退，渾身無力，極其危難，達空空迹化歸烏有之妙手，渾然之象。

（二）一氣貫通

中氣之流行，順其天機之自然，一切動作以意導引丹田之氣，運行於週身，所謂養氣而不練氣。導之既久，氣隨意行。意之所至，氣即隨之，而達一氣貫通之境界。

四、內勁涵養

內氣之形於肌膚者，謂之內勁，故內勁之培養，當由培養內氣入手。平時練習拳架時，除留意拳架力求正確，更須不時鍛鍊，使動作熟之又熟，走架順暢不滯，如此始有餘力，同時掌握練架與養氣，亦使內勁由於內氣之日漸飽滿，而更為充足。由　潘師所授，培養內氣之法，其鍛鍊步驟如下：

（一）式成時呼氣務盡

練拳之時，呼吸聽其自然，一如平時作息；惟於每式完成時，呼氣務盡，橫膈膜下降，此時小腹自然微凸，而覺飽滿，如此日復一日，使之成為習慣，於不知不覺中做到氣歸丹田，丹田日漸充實。

（二）漸使動作配合呼吸

招式中之所有動作，使皆配合呼吸之吸吐，姿勢動作之外開者須配合呼氣；內合者則須配合吸氣。但須循序漸進，不可強求配合，總以順暢為要。式成時仍將氣吐盡，橫膈膜下降，小腹自然微凸，氣歸丹田，使丹田感覺充實，再接下式。

（三）動作呼吸自然配合

待演練拳套更趨熟練時，動作之速度，可緩急隨意，同時呼吸亦可深淺從心。至此地步，呼吸與動作之開合虛實，漸可自然配合，毫無勉強。

以上鍛鍊步驟，為培養內勁之階段，習者須逐步漸進，對於太極拳之要點要訣，仍須認真揣摩，漸可練到意之所至，氣即隨至，內勁感覺漸趨敏銳，功夫越練越深，內勁則愈加充實。

五、掤勁不丟

掤勁為身體具備彈性張力之表現。因太極拳所有動作與用法中，均須含有掤勁，若失去掤勁，其他勁亦難發揮，故有「掤勁永不丟」之語。向愷然云：「掤勁也者，如木漂水中，隨按隨沉，隨起隨浮，隨撥隨轉之意。」與人搭手使用掤勁，則能不丟不頂，隨屈就伸，任憑對方之巨力攻擊，仍能從容不迫，應付裕如。掤勁實有實現太極拳論：「無過不及，隨屈就伸。」「動急則急應，動緩則緩隨。」之作用。掤勁是太極拳勁之基礎，其亦須有良好結構、充沛內氣之支撐，以下分述之：

（一）良好結構

能提供身體內部順暢通路，有助內氣之運行。太極拳之拳式姿勢相接成無數個向外，且不同曲率之弧形，使拳式姿勢，能達成其身形之結構圓滿。藉此加強肌膚之抗壓能力，並使體內內勁隨意順暢而行，流動通達無礙。拳勢運行中，須遵循李亦畬「太極拳譜」內所列出之含胸、拔背、裹襠、護肫、提頂、吊襠、騰挪、閃戰等身法，使拳勢之運行，亦能隨時維持良好結構，做到勁力無有凹凸，無有斷續之病。

（二）充沛內氣

能發揮以心行氣，氣到勁到之效果。太極拳之內勁，是由內氣所引發，由用意而發端，故內勁之運行，必經由用意之指揮。氣遇力則阻，秉於用意不用力之原則下，將肌膚骨節，處處鬆開，以正確之姿勢動作為基礎，細心揣摩，外練形式，內養中氣。並以陳氏太極拳獨特之纏絲勁螺旋圓轉，令內氣佈於周身；開則達於四梢，合則仍歸於丹田。日久自能去除僵勁，圓順通達，產生虛靈且沉著，渾厚而具變化之內勁。

掤勁之鍛鍊，須於不用力、不使氣之情況下，由鬆入柔，不斷精進，練至極柔；再加以持續鍛鍊，用意於輕靈與沉著兩者，其虛實之交互變換上著想。此可促使身肢達到放長與收縮作用，周身動作極為輕靈而又極為穩重。從而提高身體之彈性，與增強身體之掤勁，此即為積柔成剛。

　　而身肢之放長，相對應於身體之不同部位，有虛領頂勁與氣沉丹田、含胸拔背、沉肩墜肘，及開胯屈膝等各部之活動，此皆能於拳勢之運行中，同時進行產生。經由纏絲勁之螺旋圓轉，各部身肢隨之放長與收縮，終能達到似鬆非鬆，內蘊強韌彈力之掤勁。

洪允和【拳理萃真】

六、剛柔相濟

太極拳外形拳勢中，對於質之表現形態，是為剛與柔。剛不是用力使氣，是肌膚骨節捲緊時之剛；柔不是軟塌萎縮，乃肌膚骨節鬆開時之柔。陳鑫謂：「用剛不可無柔，無柔則環繞不速；用柔不可無剛，無剛則催迫不捷。」故太極拳為剛中有柔，柔中有剛之拳法，若偏剛或偏柔，則不能相濟，即非太極。

拳勢中表現之剛與柔並非絕對，是依比例分配上之多寡而定；故剛非純剛，僅是代表其中剛多柔少，而柔亦非純柔，亦僅是代表其中剛少柔多。所謂純陰無陽是軟手，純陽無陰是硬手，惟有五陰並五陽，陰陽無偏稱妙手。

剛柔表現之最重要影響因素，當為吾人須臾不離之意。再者，不論剛與柔，均須具備掤勁，練拳過程中，須加強纏絲勁之鍛鍊，於不斷將肌肉放長與回縮之過程中，使身體之彈性及韌性，愈漸強固。有關剛柔之探討，有自身走架之練體，先柔後剛；由柔而至極柔，至而極剛；有與人交手之運用，則剛柔相濟，剛中有柔，柔中有剛，因勢而變。以下分述之：

（一）自身走架

練拳時，所有轉關摺疊處，即轉換變化之過程，速度須慢；過了轉關摺疊處後，須逐漸加快，到盡頭落點處最快，過了落點後再轉為慢，亦即落點處須用剛勁，其餘過程中則為柔勁，如此周而復始。

（二）與人交手

與人交手之運用，是運化用柔，發放用剛。柔化時仍為活腰鬆膀；而剛發時則為擰腰扣膀。運用之法，須剛柔相濟，端視來勢之剛柔而變化。敵以剛來，我以柔克之；敵以柔來，我亦須以柔引之，柔化過程中，以纏絲勁纏繞運轉，綿延不絕，引敵勁至落空處，使敵失機失勢，而我則於得機得勢之同時，蓄勢而發之。

七、纏絲勁為本

內勁形於肌膚者，且其運勁為螺旋形之纏繞運轉，謂之纏絲勁。陳鑫謂：「打太極拳須明纏絲勁，纏絲者，運中氣之法門也，不明此，即不明拳。」「要皆即引即纏，即進即纏。不能分開，乃得陰陽互為之妙。外似柔軟，實則柔中有剛，剛中含柔。」纏絲勁之基本纏絲，可分為順纏絲與逆纏絲。手部順逆纏絲之表現，為手心往外轉向上為順纏，手心往內轉向下為逆纏；足部順逆纏絲之表現，為膝蓋往外轉為順纏，膝蓋往內轉為逆纏。運動中，手足則因旋轉方向之不同，而形成雙順纏絲、雙逆纏絲，及一順一逆纏絲等三種情形。

纏絲勁為陳氏太極拳之運動核心，一切動作，不論手法、步法、腿法均以纏絲勁為本。拳勢運行中，腰脊為運動軸心，上肢運動為膀及腕之旋轉，下肢運動為腿與踝之旋轉，並連接脊背，串成一條其根在腳，發於腿，主宰於腰，而形於手指之旋轉曲線。

纏絲勁產生之效益，健身方面，可促使全身各處，節節貫串地前後推動，體內血氣出入於淺層皮膚，與深層骨髓間之表裏各處，暢通全身脈絡。能使全身氣血循環平衡，促進生理機能，有增強體魄與強健體質之功效。技擊方面，以纏絲勁之運用走化粘逼，對方要勁時，就順纏以給之，若對方給勁時，即逆纏以受之。同時，牽動對方之重心，而乘勢反擊，以小力勝大力，以慢勝快，具有捲放蓄發之妙，可於不知不覺之中取得優勢。纏絲勁以動作之螺旋圓轉，外練形式，內養中氣，以下分述之：

（一）外練形式

每一動作，除走弧線之圓形，四肢及身體各部，均以纏絲勁似螺絲般旋轉，並隨動作之運行，順著各關節，由內而外纏繞至四梢，由外而內纏繞而歸於丹田。其運行過程，由腰部發動起後，分為兩路徑：一路徑往上行，分達兩肩，並纏繞運轉至肘、腕、掌，最後透達於兩手指尖；另一路徑往下走，分達兩胯，並纏繞運轉至膝、足，最

後透達於兩足趾尖。返回時，循原路纏繞，由兩手指尖及兩足趾尖運行，回歸至丹田。

（二）內養中氣

動作之開展引伸為呼氣，動作之合聚回縮為吸氣。纏絲勁以動作之螺旋圓轉形式，行之日久，呼吸與動作之開合虛實，漸能自然配合，毫無勉強，一動則氣達四梢，一靜則復歸丹田。如此，中氣愈加充實。

纏絲勁所能呈現之效果，端賴其螺旋之剛柔程度、延續能力，以及是否具備充沛之內勁而定。剛柔程度無方，則欲柔無柔，欲剛無剛，柔不成柔，剛不成剛，自然不能為我所用；延續能力不夠，則勁因不延續而斷，或為跳動式之零斷勁，纏絲勁亦無法貫串運行。纏絲勁欲發揮功效，須具備極為沉著、輕靈，而充沛之內勁。故掌握正確之理法，勤學多練，當為不二法門。纏絲之轉圈幅度，亦將因功力之加深，而由大圈逐漸收小，成為小圈，甚至小至沒圈，達有形而歸於無迹之境界。

八、太極拳之小成

練拳功夫能小有成就，謂之「小成」。潘師言：「必焉明白拳理，熟練拳架，手眼身步法，悉合規矩，善於用意，巧於行氣，一舉一動，皆能合度，是為小成。」以下分述之：

（一）善於用意

明其理，行其意。人之身體能隨意而動，為人之本能，人生而能用之，故用意不難，要者在於能「善於用意」。必於行功走架之前，即須明白太極陰陽消息盈虛之理，並將此太極之理，運用於剛柔開合緊鬆等用拳之中，使拳勢之運行，能專心致志，有所依循。故用意須至當剛好，不但不可太著意，甚更須合於太極之理，始不致用意錯誤。

（二）巧於行氣

順其自然，出入皆意。氣為人之所秉受於天，本來之元氣，人生而能運之，故行氣不難，要者在於能「巧於行氣」。氣之在體，無不充周，而其統率在心；故行氣當發於心，並導以不偏不倚之中氣，不散漫亦不急促，順其自然行之，使每一動自丹田佈諸五官百骸，肌膚毫毛，每一靜歸於丹田。氣血流暢通利，可增強身體機能，強化身體素質。

（三）一舉一動，皆能合度

手眼身步法，悉合規矩。凡拳勢動作之一舉一動，悉合太極拳之規矩，此為「善於用意」之延伸。練拳一舉一動，全在用意，必具遵行之規矩。故須明悟拳理，把握練法中心，可使身形結構完整，拳勢流暢穩定，以至於精妙。若言運用，則屈伸合度之拳勢動作，堪為攻防運用之基礎，加以剛柔相濟，快慢相間，可達運用自如之境界。

現以攬扎衣式，兩手由胸腹間前，以右手向右擊出之動作為例，說明動作之合度表現：首先身法中正，由心發起後，將右手向右擊出，重心由左漸向右移，眼隨右手中指而行；右手順纏過胸前，經手臂纏繞至手指。動作由合漸轉為開，用意由虛漸變為實，纏絲由鬆漸轉為緊，勁力由柔漸變為剛，呼吸則由吸轉換為呼，至此為完成一手，其開合變化之合度；如能仿此，漸而完成一着，其轉關變化之合度；再而完成一勢，其身法步法起落旋轉變化之合度，則拳勢運行之一舉一動，皆能合度。若能再熟練拳架，自當往「小成」之路邁進。

一般性運動，多視放鬆肢體與活動關節，為其運動之主要目的，而稍深入者，亦僅於調整手足方位與外形姿態為足矣。然太極拳運動，除上述之要求外，更須於掤勁不丟之原則下，求外在形象之機勢靈活，內在勁氣之節節貫串，內外兼修，以求拳勢之自然圓融。故須明其理，並始於意，行其氣，合其度，始能深入窺睹太極拳之堂奧。拳能練至「小成」，即陳鑫所謂之「成手」，此時一切不合法度之弊病，均可不犯。再加功夫，由小成練至大成，更可臻至精妙之境界，成為陰陽無偏之妙手。

九、肌膚骨節，處處開張

「肌膚骨節，處處開張。」此句見於陳鑫所著之「太極拳經譜」，意指吾人練拳時，肌肉、皮膚與骨節，處處均要放長鬆開。骨節，即關節。開，亦為張。開張，即為展開，擴大，放長之意。太極拳之理法有經有權，經者為體，權者為用。經譜所言為以太極兩儀之陰陽、動靜、剛柔等理，引申於太極拳之理法，即太極拳走架時所依之理，與運用時所據之法。

潘師謂：「練太極拳要鬆緊互用，時鬆時緊，忽緊忽鬆，配合開合虛實與剛柔快慢，合乎太極陰陽之理。」陰陽，是假定之相對名詞，宇宙間一切事物均為相對，均可以陰陽代表，為一元之正反兩向，太極即為一元之合，兩儀即為一元之分。欲做到「肌膚骨節，處處開張。」走架時，須全身鬆淨，時鬆時緊，配合開合虛實與剛柔快慢，以合乎太極陰陽之理。以下說明練架之具體表現：

（一）全身鬆淨

平時練基本功或拳架時，均須注意，須於全身均不多著力之情況下，達到鬆淨之要求。鬆之開端，通常多從鬆開肩、胯等大關節開始，再逐步鬆開，帶動身體其他較小之關節。之後，再注意到所有關節與肌肉、皮膚之一起鬆開，並於走架時，著意於時鬆時緊之運動。放鬆時，表現為柔勁，轉緊時，即顯現為剛勁。

（二）合乎陰陽

中國古代之陰陽學說，主要說明事物對立雙方之互相依存、互相消長與互相轉化之關係；而拳裡所表現之陰陽，即處處表現出開合、虛實、剛柔、快慢、緊鬆等相互間之對應，以此「肌膚骨節，處處開張。」將全身放長鬆開之後，再對應表現其所屬之陰陽，此正合乎太極陰陽之理。

因為鬆，動作才能自然靈活，易於調整。將全身各部依其所需，調整至正確之位置，也達成骨節對正之目的。陳鑫謂：「骨節要對，不對則無力。」骨節既要鬆開，又要虛虛對準，使有騰挪之意，才能做到全身節節貫串，達到勁整而靈活之地步。如此之鬆，自然不致癱軟，能如竹片、鋼片般之具有彈性及韌性。

允軒拳語..........

　　快慢相間：轉彎處慢，落點最快。　　洪允和

十、沿路纏綿，靜運無慌

「沿路纏綿，靜運無慌。」此句見於陳鑫所著之「太極拳經譜」，意指吾人練拳時，運勁綿延而意不斷，心靜和順而心不慌。太極拳練拳之程序，有先慢，後快，復緩等三層步驟，為練一趟架子快慢發展之程序。而「沿路纏綿，靜運無慌。」則為此三層步驟中，「緩」之階段。動緩則柔，而柔久生剛，剛亦自在柔中，俾為剛柔相濟。此當拳勢動作已非常熟悉，外形姿勢亦相當正確後，練拳時心理上已不若初學時之生疏緊張與易於分心，而能致力於運勁綿延、心靜細膩之境地。

欲做到「沿路纏綿，靜運無慌。」平日走架，即須求其心之靜，使意念專一，聽覺靈敏；求其氣之順，使周流無間，自然順暢；求其形之纏，使運轉隨心，渾然無端。至臨場運用，始能順隨彼勢，纏綿無慌。以下說明臨場運用，纏綿無慌之具體練法：

（一）立身中正

能使結構完整，身形穩定；須注意虛領頂勁，尾閭正中。

（二）全身鬆淨

能使腰塌腿實，氣沉丹田；須注意肌膚骨節，處處開張。

（三）主宰於腰

能使全身貫串，一動全動；須注意動作之先，必求於腰。

（四）周身纏繞

能使經絡疏通，運勁表裡；須注意動靜屈伸，聽命於心。

洪允和【拳理萃真】

太極拳運動為動中求靜之功夫，期能一氣貫通，故須留心用意。除用意於心靜不亂，並須做到立身中正、全身鬆開及主宰於腰，再以纏絲勁周身纏繞。纏絲勁之運轉須輕靈細膩，所有動作，均使四肢與身體各部均如螺絲般地旋轉，形成大小不等，無數之螺旋圓圈，進而達到外練形式，內養中氣之目的。纏絲勁由內而外時，內勁發自於丹田，隨動作運轉而纏繞至四梢；纏絲勁由外而內時，內勁則由四梢，隨動作運轉纏繞而歸入丹田。與人搭手，於「沿路纏綿，靜運無慌」之捨己過程中，順隨對方之勢，以纏絲勁轉圈，轉換虛實，並將對方套進我無數圓圈之中，使對方受制於我之縱放屈伸，順勢牽動對方重心，迫使對方失勢，而達隨時可發之有利地位。

允軒拳語..........

　　身隨腰轉：各部自轉，隨腰公轉。　　洪允和

【第四章】周旋之法

【第四章】周旋之法

　　太極拳既具用拳之理，自能生成周旋之法。本章提出之掤手八法、周身相隨、捨己從人、引進落空、趁勢而入、接定彼勁、力由脊發等篇，均屬周旋之法，可為技擊、防身之用。掤手為兩人模擬交手之情形，為體驗知己功夫程度，並從而學習知人功夫，而非真正應敵，僅為檢視拳架是否確當，攻防是否有效而已，其真正重點，仍在於拳架之鍛鍊。

　　《孫子兵法》：「知彼知己，百戰不殆。……不知彼，不知己，每戰必殆。」與人交手，須知己且要知彼，才有勝算。李亦畬：「平日走架，是知己功夫，打手是知人功夫。」拳架為太極拳之體，與人周旋為太極拳之用；體用兼備，始為得全。

　　吾人練拳時，須無人似有人；與人交手時，則有人似無人。凡是拳架之肢體動作，均為與人周旋之法，周旋之法亦即拳架之着法，如此兩者合一，相輔而行。誠如陳鑫所言：「練拳體用兼備，則變化由我，妙機無窮。」

洪允和【拳理萃真】

一、搊手要義

搊手為兩人手搭足靠，彼此相互粘貼纏繞，往來推動之對練法。潘師：「太極拳演習拳套，以練其體；練習搊手，以操其用；體用兼備，始謂之全。」搊手為陳氏所獨創，亦名擠手、打手、推手、搭手、靠手等，是於拳套熟練後，兩人模擬交手之情形。陳王廷擠手歌：「掤攦擠捋須認真，周身相隨人難進，任人巨力來攻擊，牽動四兩撥千斤，引進落空合即出，沾連粘隨就屈伸。」即明確指出搊手之原則、技巧，與其目的。

陳氏太極拳之搊手，有掤、攦、擠、按、採、挒、肘、靠八法。此八法均為勁法之運用練習，是將拳套中之各種手法加以歸納，定義為向上為掤，向後為攦，向前為擠，向下為按，將四種方向之弧形動作連接起來，即成一圓。太極拳基本勢法，盡含於掤、攦、擠、按四法之中，而採、挒、肘、靠則寓於其中。搊手之目的，主要在於拳藝方面之鍛鍊，分述如下：

（一）強化觸覺能力

由兩人搭手之實際接觸，可強化觸覺之感知能力與靈敏度，察覺來勁之虛實強弱，能避實就虛，並能以實攻虛。

（二）了解拳架用法

經由彼此攻防技巧之練習過程，了解拳架之實際運用方式，對所習拳架，可獲致更深層之認知。

（三）鍛鍊靈活身法

由察覺來勁過程，或於原處，或運用活步變換身形。由轉換虛實中，鍛鍊身法，使身法更加靈活而具變化。

（四）驗證用勁正確

對練之兩人，於往來推動之中，運用虛實剛柔、走化粘逼，及提放蓄發等手法，相互驗證用勁之正確性。

（五）體會技擊運用

由攬手過程中體會正確之用勁方法，並能由捨己從人之原則下，沾連走化，並乘勢借力，達到我順人背，得機得勢，將對方發放之目的。

太極拳之拳架為基本，攬手為運用，兩者應相輔而行。練習攬手時，可先以掤、攦、擠、按四法練習，視熟習程度，漸漸摻入採、挒、肘、靠四法。步法則有合步、順步，與活步。若依難易度區分學習次序，可先習兩人均右足在前，或左足在前之合步，次習一為左足在前，一為右足在前之順步，此兩種步法均為定步。待定步練習純熟後，再習不拘步法之活步。活步練習時，可任雙方隨意動步，或進或退，手法亦可多有變化，不再有所拘泥，施展空間更加靈活寬廣。

攬手要義，正如　潘師所解：「運用掤、攦、擠、按四種手法，配合周身上下相隨之身法與步法，以捨己從人之沾連粘隨與隨屈就伸原則，發揮引進落空技巧，達到乘勢借力，以輕制重，而使我順人背，得機得勢，將對方發出去之目的。」

允軒拳語..........

根基穩定：胯對足跟，五趾抓地。　洪允和

二、擖手八法

擖手八法，即掤、擺、擠、按、採、挒、肘、靠等八種勁法。太極拳之動作，以圓為體，每一圓中均含四正四隅之方位；太極拳擖手之八法，即運用方位之變化，而表現出掤、擺、擠、按、採、挒、肘、靠等八種勁法。其中掤、擺、擠、按稱四正手，採、挒、肘、靠稱四隅手。擖手對練時，即運用此八法，兩人以肘腕相搭，往來推動。初學時，先以四正手對練；即以向上為掤，向後為擺，向下為按，向前為擠，四種弧形動作所形成之圓，相互環繞運轉。練習日久，皮膚觸覺日趨靈敏，可細察來勁之虛實，並巧妙運用沾連粘隨，與隨屈就伸之原則，熟悉太極拳之用法。太極拳一手一着之中，均可表現各種勁法，亦即任一動作均含此八法。以下為擖手八法之介紹，分述如下：

（一）**掤**：對方按我，我以手臂上捧。

（二）**擺**：對方施力，我一手搭其腕，一手搭其肘，同時後引。

（三）**擠**：兩手向前，前手屈肘，後手貼於前手肘節，同時前擠。

（四）**按**：兩手按住對方手臂，同時按推。

（五）**採**：兩手搭住對方手臂，乘勢下採。

（六）**挒**：對方後撤，我一手搭其腕，一手搭其肘，乘勢斜按。

（七）**肘**：粘貼對方，並以肘擊之。

（八）**靠**：粘貼對方，並以肩、背、胯等部靠擊。

陳氏太極拳之擖手操練法，即為此八種勁法之運用。練習時，其動作順序，為兩人各成弓步，足部相靠，以順步之法。即一人若左足在前，一人則右足在前。兩人足尖相對，繼而肘腕相搭，兩人進退往來，相互推動。其法如下：

（一）起式

　　兩人相對而立，各將雙手握拳平舉前伸，甲乙兩人之拳面相接。
如圖 4-2-1。

潘光和【拳理萃真】

甲　　　　　　　　　　　　乙

〈圖 4-2-1　起式〉

(二) 出步式

　　甲出左足，乙出右足，膝與小腿、足踝等部相靠，雙方各成弓步，後出步者踏在對方前足之內側。如圖 4-2-2。

甲　　　　　　乙

〈圖 4-2-2　出步式〉

（三）雙搭手式

　　甲乙各出右手，以手腕節互相粘貼，再各以左手搭住對方肘節，成雙搭手式。如圖 4-2-3。

甲　　　　　　乙

〈圖 4-2-3　雙搭手式〉

（四）開始對練

1. 甲按乙掤

甲按乙，乙以掤化解。如圖 4-2-4。

甲　　　　乙

〈圖 4-2-4　甲按乙掤〉

2. 甲擠乙攦

甲由按變擠，乙則變為攦。如圖 4-2-5。

甲　　　　　　　乙

〈圖 4-2-5　甲擠乙攦〉

3. 乙按甲掤

甲由擠變掤，乙則由攦變按，甲用掤化解。如圖 4-2-6。

甲　　　　　乙

〈圖 4-2-6　乙按甲掤〉

〔第四章〕周旋之法

4. 乙擠甲攦

　　乙由按而變擠，甲則變為攦。如圖 4-2-7。

甲　　　　　　　　乙

〈圖 4-2-7　乙擠甲攦〉

　　乙又由擠變為掤，甲則由攦變為按。如此相互運用，循環不已。其中掤攦為守，按擠為攻。熟習之後，於雙人攻守中，再加入採、挒、肘、靠之變化，如此練來，可使轉換靈活，且變化無窮。

　　攬手八法之手法各異，勁法亦自不同，其表現形態，均以纏絲勁之方式呈現，雖曰八法，然盡於掤、攦、擠、按四法之中；因按中有採，攦中有挒有肘，而擠中有靠。採、挒、肘、靠已寓於掤、攦、擠、按四法之內。拳勢之每一手均可涵蓋八法，並可表現各勁法，並不拘泥於某手之動作是否為掤勁，或是否為攦勁等。鍛鍊重點，則在於使勁時，用意之周密與連續。以下為　潘師完成之太極攬手圖：

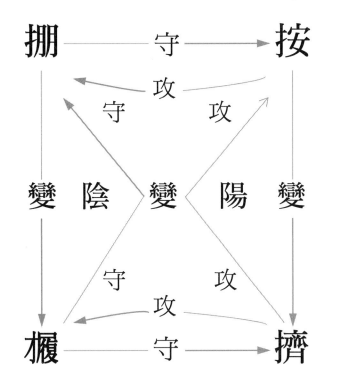

〈太極擖手圖〉

資料來源：引自《陳氏太極拳大全》（1996）
「太極拳內勁外功精義」

上手先陽後陰
彼按我我掤之
彼擠我我攦之
我按彼彼掤之
我擠彼彼攦之
下手先陰後陽

三、周身相隨

　　周身相隨是指人體之四肢百骸協同動作。打手歌：「掤攦擠捺須認真，周身相隨人難進。」即指出周身相隨之目的，是阻人於外，不使其進身。拳術中之周身相隨，是要求任何動作，身體各部均須不分先後，同時一齊運動，且相互配合協調。然相隨者為何？則為動作中，虛實變換與纏絲順逆之相隨也。

　　周身相隨之重要性，首在於平衡重心。　潘師以：「手足之虛實，即為天平用來權衡重量之砝碼。」譬喻人體左右手足，即似天平左右之秤盤。無論任何狀態，右手與右足，左手與左足，須發揮虛實相濟之功能，虛實之和數相等，使人體之天平保持平衡。次在於勁力完整。李亦畬謂：「一身之勁，練成一家，分清虛實。」欲使一身之勁成為一家，則須分清虛實。一旦分清虛實，全身勁力始能貫串，勁整而不散亂，且發勁亦能有其根源。動作中之周身相隨，分述如下：

（一）虛實變換之相隨

　　虛實分外形與內裏之虛實。以外形言，外形為輕、柔與往內之合，其為虛；而外形為沉、剛與往外之開，其為實。以內裏言，呼吸在呼時為實，吸時為虛。而內裏之虛實，能與外形之虛實相應，於拳架演練中，即可使拳勢動作與呼吸配合。

　　實際之練法，手眼身步均有其注意之處：兩手之虛實，須分賓主，主手為實，賓手為虛。動作中，僅注意主手即可，賓手隨主手而動。眼神亦隨主手轉動，不可旁視。兩足之虛實，則以負擔較少之體重為虛，負擔較多之體重為實；邁步之足為虛，站立之足為實；向左則左實，向右則右實。但獨立一足時為例外，當左足獨立為實，左手則亦為實。而步法上之虛實，則隨身法而變換，前後左右之勁道相互拉緊，使身體得以平衡而穩定。手與足之虛實，原則上為左右交叉，即左手實則左足虛，而右手虛則右足實，相反則反是。手足虛實之相隨，又須注意邁步進退時，是手隨足運轉，原地變換動作時，為足隨

潘元和【拳理萃真】

手運轉。

（二）纏絲順逆之相隨

　　手足之纏絲，分為順纏絲與逆纏絲。動作時，總是一順一逆，或為雙順，或為雙逆。拳架演練中，右手與右足，左手與左足，其纏絲之運轉，均須為上下相順，不容相逆。惟纏繞中仍具實中有虛，虛中有實，與實中之實，虛中之虛之變化。

　　陳氏太極拳對於快之觀念，為虛實變換快速之快。而其虛實，更要以意念之虛實為虛實，並講究實中有虛，虛中有實。不但手與足須分虛實，全身各部亦須分虛實。各部之虛實，均非固定，要以腰部為動作之總虛實相互呼應，隨動作而隨時變換。平日練拳時，有虛實變換之觀念，則實際運用時，即可運用變化，彼虛則我實，彼實則我虛，虛則實之，實則虛之，始終為得勢之勢。

允軒拳語..........

　　肩胯垂直：肩對正胯，肩隨胯動。　　　洪允和

四、捨己從人

捨己從人為捨棄己見，聽從他人之意。太極拳之捨己從人，是對方勁向我來時，我不與爭，捨棄自我，順隨對方之勢，並由此過程中，得擒縱在我之機勢，故可謂始而捨己從人，終而仍然由己。終之所以仍然由己，乃因始能捨己從人之故。陳鑫謂：「彼以柔勁來，我亦以柔勁應付，如彼主動引我，我則從之而進，即是捨己從人。」

交手時固然須捨己從人，然亦須謹守「從近不從遠」之訓，既須嚴守自身界線，亦須不入對方界限，以防陷己於危境之中。捨己從人之目的，在於終能擒縱在我，得機得勢於不知不覺之間。其於運用時，順隨著對方之動而動，不與對方頂撞，亦不須躲閃，其把握之原則，分述如下：

（一）沾連粘隨

當對方之勁往我身來時，我輕沾著對方，接連來勁，是謂「沾連」。此時，只是輕輕沾住對方，我聽其勁，且不讓其勁進至我身。

當對方之勁走離我身時，我緊粘住對方，跟隨去勁，是謂「粘隨」。此時，則為緊緊粘住對方，我合其勁，且勁已透入對方骨裡。

（二）隨屈就伸

當對方之勁往我身來時，我施以沾連勁，跟隨來勁而屈，是謂「隨屈」。若未能「隨屈」，對方要我勁，我勁給得多，即為「丟」。

當對方之勁走離我身時，我施以粘隨勁，跟隨去勁而伸，是謂「就伸」。若未能「就伸」，對方走離我，我勁給得早，即為「抗」。

捨己從人之實際運用，即運用纏絲勁之旋轉纏繞，並能做到沾連

粘隨與隨屈就伸。當對方力量往我身上來，我首先捨己，運用纏絲勁，以沾連之勁沾著對方，輕似露珠於葉子上方自由滾動之狀，使對方之力不及於我身，並使我勁由大而小收合纏絲，引對方之勁接近我身，並使之落空，此時我亦同時蓄勁；待來勁忽覺落空，急將勁後撤時，我以粘隨之勁跟隨去勁，並使我勁由小而大開展纏絲，至對方虛空處，即能擒縱在我。

運用纏絲勁之重點，在於接觸來勁之前，纏絲勁之螺旋即已具備，只要身腰一動，即帶動螺旋，產生纏絲勁。故可將自己視為一螺旋體，一旦身腰轉動或遭致外力，即能產生纏絲勁。纏絲勁必須貫串而不間斷，或有間斷即為斷勁，與人交手中若產生斷勁，則無法完整一氣，易被對方所趁，而致敗象。纏絲勁之旋轉，其由鬆到緊，或由緊到鬆，均為逐漸自然形成，且能相互作用，於轉緊之後鬆開，鬆開後又開始轉緊。

捨己從人之善者，須能做到輕柔圓活，毫不受力，亦應具備極佳之「聽勁」。「聽勁」為感知對方勁力變化之能力，為經由皮膚之觸覺而感知。與人交手中，若「聽勁」靈敏，則對方之虛實剛柔、消息盈虛，均能了然於心，能順隨對方而動，他進則我退，他退則我進；對方快，我亦快；對方慢，我亦慢。再能運用沾連粘隨與隨屈就伸，則與人交手，當能穩操勝卷。

允軒拳語..........

結構完整：立身中正，不扭不偏。

五、引進落空

引進落空是與人搭手，我以手引之使進，並使來勁落空，為太極拳搭手時常用之技巧。「引」，為彼來我引。「進」，為我引之使進。「落」，為彼之盛氣盡處而失勢。「空」，為彼之機勢已虛而成空。引進落空之應用，是對方來勁，我順其勢而借其力，以沾連粘隨之手法，運用運勁螺旋之纏絲勁，陰陽互變，發揮引進落空之技巧，使我順人背，以達得機得勢，再而進擊之目的。陳氏太極拳之引進之法，有先引後進、半引半進，以及即引即進等數種不同引進之情形，一層深一層，要皆引進互運，陰陽為用，始奏其功。引進時之注意事項，分述如下：

（一）運勁螺旋

陳鑫謂：「拳中必用纏絲者，粘連之法，全在於此，引進之法，亦在於此，不可忽也。功夫久令人不敢進，進則打之，退亦打之。」於搭手過程，運用纏絲引進之法，使對方完全失勢，進退無據，進也不是，退亦不是，此即纏絲勁之妙用。當外力之來，先用引勁，以纏絲勁由中指往裏纏，向後退行至肩，並於退行中避彼之實，使之落空；繼施以進勁，以纏絲勁由肩往外纏，向前進行至中指，並於進行中入彼之虛，使我順人背。若能做到即引即進，即引即打，是功夫已臻上乘，纏絲已練至小圈，有其意而不見其形，只要心機一動，勁即刻就到，快速俐落，極具震撼。

（二）陰陽為用

陳鑫謂：「動則生陽靜生陰，一動一靜互為根，果然識得環中趣，輾轉隨意見天真。」陰陽，亦即剛柔虛實開合。引進時，為先引後進。引，為柔為虛為合，進，為剛為實為開；當外力之來，先用引勁，將圓縮小，避彼之實，即為陰；繼施進勁，入彼之虛，將圓擴

大，即為陽。引勁可轉而變為進勁，進勁又可轉而變為引勁，陰陽相互呼應，始終不離，即所謂陰不離陽，陽不離陰，陰陽相濟。太極拳動作為圓圈之作用，於轉圈之中，變換虛實。半圈為虛，半圈為實，虛實合成一圈，此陰陽互變之理，太極拳運用之理，亦在於此，故能引進落空，順其力而打之，以少力制大力，牽動四兩撥千斤。

引進落空之運用，在於破壞對方平衡，使失去重心，才能以少力制大力，牽動四兩撥千斤。學拳明白此理，即知應於平日努力，把握練拳要點，用功體會拳架之正確性，使一切動作之屈伸往來，悉合規矩，漸而能化於規矩，使規矩成為我生活之一部分，運用時才能得心運手。而欲引動對方，且求發勁之乾脆，尚須充沛內勁之支持，故須多下功夫，於不斷鍛鍊中，練得輕靈沉著，而又充沛之內勁，如此才能運用自如，發揮引進落空之技巧，引動對方，達到將對方「引之使來，不得不來。」與「放之使去，不得不去。」之巧妙境界。

允軒拳語..........

高式到位：以腰引上，肩肘仍沉。　　洪允和

六、趁勢而入

趁勢而入,是順隨彼方之來勢貼進彼方。其法是當彼勁往我身時,我抱持捨己從人之原則,於交手過程中,順彼之勢,而致得機得勢,並得以借力打人。故趁勢而入,是指趁彼之勢,即為順隨彼方之勢,並能從中接定彼勁,達到彼自跌出之目的。

趁勢而入,運用於交手時,是順隨彼方而動,並於順隨彼之來勢中,尋得得機與得勢。得機,是指兩人交手時,勁力發放之適當時機;為當彼方動作發生變化轉換,以致勁力有所缺陷、凹凸、斷續處時,此即為我得機之時。得勢,是指兩人交手時,方向態勢為我順彼逆;是我於不斷順隨彼方中取得順勢,並令彼方失去平衡,且轉為逆勢,此即為我得勢之時。故得機與得勢,均非刻意去營造與爭取,而是由順隨而來;彼勢為開,我隨之而開,且內外俱開,彼勢為合,我亦隨之而合,且內外俱合,於開合之順隨中,尋得得機與得勢,始可勝券在握,而得以無往不利。趁勢而入之說,此分列為兩力相向與兩力同向兩項。分述如下:

(一)兩力相向

兩人交手時,彼勁往我身來,我以意去接,不以力爭,順隨彼之來勢,以柔中寓剛之沾勁將彼勁引進,順隨其勢,並於順隨過程中,剛柔互變,尋求我順彼逆之勢,並於彼勁變換間,所產生之空隙而貼進彼方。

(二)兩力同向

兩人交手過程,我在先彼在後,毫不躲閃,沾連之;彼在先我在後,則毫不頂撞,粘隨之。若能得機得勢,即可應手而出,若彼方與我周旋,則仍順隨彼之來勢,並於順隨過程中,沾粘互變,尋求我順彼逆之勢,並於彼勁變換間,所產生之空隙而貼進彼方。

洪允和【拳理萃真】

七、接定彼勁

接定彼勁，是穩定地接住彼方之來勁。其法是當彼勁往我身時，於極短時間內，我先以沾勁輕輕地沾住彼方，相接過程，兩人之勁相連而不離，接著以粘勁緊緊粘住彼方，使我與彼方相接處合而為一，即可謂之接定彼勁。

兩人接手過程中，須取得有利於我之態勢，此時欲擒欲縱，在乎我之一心。故接定彼勁可謂是由兩人皮膚接觸開始，輕輕地沾，直至透入彼方骨裡，緊緊地粘，能夠穩定接住彼方來勁之過程。沾而後粘，為接手重要原則與方法，亦為捨己從人之具體表現，而欲善用此巧妙之法，須於平日即注意鍛鍊之方，自我修煉，俾能於接手過程，彼方仍不知不覺中，我已巧妙地接定彼勁，且為得勢之態，此時自能操之在我，隨心所欲了。以下分述練法之重點下：

（一）心身俱鬆

身體須放鬆，包括心與身俱鬆，於心靜用意下，包括生理上全身之肌膚骨節，以及心理上意識之知覺情緒，全部放空鬆透。牢記用力勿過之原則，以最小之力，去舉起或運動四肢，使在運勁時，能毫不產生拙力以及僵力。

（二）動作靈活

動作須靈活、纏繞，動作中須聚精會神，不論彼之來勁如何，必須捨己從人，沾連以柔，動急則急應，動緩則緩隨，順應對方之動向而動，完全以腰領身，空鬆而不著力，隨勢而運轉靈活。

（三）必據上游

能據上游，貼緊彼方，則我在高處，彼在低處，可利用高處之優勢而逼迫對方，使之不得勢，達到我順人背之有利機勢。故彼之來，

我以意去接，瞬間物來順應，順勢一轉，佔據上游，接定彼勁，達到主宰在我之目的。

　　要之，彼之來勁，其中或力大，或力小，或速疾，或速緩，均非我所能事先掌握，而欲達到李亦畬所謂：「接定彼勁，彼自跌出。」之目標，平日即須心靜用意，用功練拳，接勁時，則完全順應對方，不加迎送，並於瞬間接勁過程中，毫不遲疑，恰當地應變來勢，接定彼勁。

118

洪允和【拳理萃真】

允軒拳語..........

　　拳式熟悉：心餘力足，真勁乃至。　　　洪允和

八、力由脊發

發勁時，主要之勁力來源，循背脊發出，稱為「力由脊發」。力由脊發，即是拔背之作用，是指全身放鬆時，胸部微向內含，背部肌肉往下鬆沉，於兩肩中間之脊骨成鼓起上拔之狀態，此狀態再配合腰膽部之變換，可完成「勁起於腳根，主於腰間，形於手指，發於脊骨。」之發勁過程。陳鑫謂打拳之關鍵：「在百會穴下，自腦後大椎通至長強，其動處在任督二脈。」直指打拳之關鍵在於脊骨，其重要性可想而知。欲達成力由脊發，勢必須使脊骨間具備伸縮之彈性，並於發勁時，將其能量似彈簧般彈出。故發勁前，須做好蓄勢，令腰部如車軸般直豎穩定，不可搖擺，亦不能軟塌。發勁時，則以纏絲勁通行於背脊，同時帶動身形與內氣之旋轉，向外發出，以克盡其功。平日若能使能量積蓄充足，發勁自然順暢無礙。其注意重點如下：

（一）須上下對正

頭頂與尾閭對正，實現身法之中正安舒，故須做到虛領頂勁與尾閭正中。

1. 虛領頂勁

練拳時自百會穴至會陰穴，始終須上下對準成一條線。將頂勁虛領，有提綱挈領之作用，可使身軀自然中正，不偏不倚，有助於達到滿身輕利之放鬆，亦能使督脈維持通順，利於中樞神經系統之活動。且使膽部能自然輕輕上提，胸部能自然虛虛內含，背部能自然微微上拔。

2. 尾閭正中

將尾閭向前托起丹田，同時向前對準臉部中間至臍之垂直線，並配合腰部之勁塌直豎，使保持尾閭正中，並須與頂勁上下對正，如此才能神貫頂，達到真正之尾閭正中。

(二) 以脊力鬆出

太極拳之放鬆，為有意識之鬆，平日即以此有意識之鬆，鍛鍊脊骨較為有力，而富於彈性。發勁時，不用絲毫拙力，含主要勁力來源之脊背，會稍成平直，而纏絲勁之變化，則由小圈開展為大圈，骨節虛虛對準，勁力節節貫串，完整而靈活，如放箭般向外鬆出。

脊椎是由頭骨下方延伸至尾骨之脊骨所組成，既堅固且具彈性，除支撐人體重量外，包覆於其中之中樞神經系統，更可控制全身之機能，為人體之重要結構。成人之脊椎雖具有頸部與腰部之向前彎，胸部與薦骨之向後彎等四個生理性彎曲，但練拳時，則將整個脊椎視為一整體，以為軀幹部之伸長與收縮。甚而充分鍛鍊，加強脊椎之堅固與彈性，達到太極拳「力由脊發」之目的。

洪允和【拳理萃真】

允軒拳語..........

段落清楚：起承轉合，一字一問。　　洪允和

九、宜輕則輕，斟酌無偏

「宜輕則輕，斟酌無偏。」此句見於陳鑫所著之「太極拳經譜」，意指以兩手斟酌輕重，當其動作適宜輕時則輕，使得恰當無偏。太極拳為依據陰陽互為其根之法則而變化，拳式中即含虛實互變、剛柔相濟、輕沉兼備之象。故輕靈中既具沉著之柔勁，沉著中亦具輕靈之剛勁，輕重即為虛實，虛實得以靈換，吾身自能取得平衡。

陳鑫謂：「手即權衡稱物而知其輕重，打拳之道，吾心中自有權衡，因他之進退緩急，而以吾素練之精神臨之，是無形之權衡也。」與人接手時，是以無形之權衡，斟酌吾人兩手之輕重，物來順應，當輕則輕，當重則重，以得其當。交手時之輕，其作用在於可使身體觸覺感應靈敏，一挨著對方即能感知，即能隨機應變。拳式中有關輕之探討，以下分述之：

（一）自身走架

首要求鬆，須將全身之肌肉、皮膚與骨節，處處均放長鬆開。運動時須以腰脊為運動軸心，引導身體各部位達到一動無有不動，一靜無有不靜之整體性要求，並以輕靈之柔勁，配合螺旋運動之纏絲勁帶動四肢，順著各關節旋轉，節節貫串，而相連不斷。走架時，拳式之運行須靈活自然而不呆滯，輕靈中並具沉著之內勁。

（二）與人交手

除把握自身走架時之一切要點之外，須特別服膺捨己從人之要義，順隨對方之來勢，輕輕沾住對方，動作輕柔而圓活，毫不受對方之力，處處把握自己之重心，不頂撞、亦不躲閃來勁，隨時維持自身最佳之平衡，如此才能將來勁引進落空，進而於得機得勢處發勁。也惟有具備此輕靈而沉著之內勁，才能達到將對方沾連引進，使對方進入「引之使來，不得不來」之困境。

太極拳之練法是以意行氣，以氣運身；先是意動，而後形動。拳式動作欲達到本文所描述之輕，其鍛鍊之重點仍歸為意，須於平時漸次積累而成，且不僅求兩手之輕，全身各部亦應同時求其輕，一旦身體各部動作能夠輕靈，再加以鍛鍊，至極柔軟之輕靈，才能再由極柔軟之輕靈，鍛鍊至極堅剛之沉著。所謂之：「極柔軟，然後極堅剛。」且於輕靈與沉著交互地鍛鍊之過程中，促使全身各部之彈性及韌性力量增大，全身之掤勁得以更為強化，此亦契合太極陰陽之理。

洪允和
【拳理萃真】

允軒拳語..........

外放至大：纏絲開展，自然伸展。 洪允和

十、宜重則重，如虎下山

「宜重則重，如虎下山。」此句見於陳鑫所著之「太極拳經譜」，意指以兩手斟酌的輕重，當其動作適宜重時則重，如虎下山之威猛。運用時，適宜重之時機，當指機勢已得，對方重心被牽動不穩，為我順人背之時，當機立斷，以意導氣，一觸即發。勁力之發放，貴於疾速猛烈，使人倏受震驚，不及走化，瞬間跌出而驚服。

陳鑫謂：「兩肩軃下，兩肘沉下，秀若處女見人，肆若猛虎下山。」演練拳架或與人交手之時，剛柔虛實，進退緩急，吾心中自有權衡，當輕則輕，柔軟和順若處女；當重則重，剛強猛烈若猛虎。惟最須謹記者，是能捨己從人，能捨己從人，即可不丟不頂，能因彼變化，敗彼於不知不覺之中。交手時之重，其作用在於運用時，是由交手之輕靈，探知對方虛實，再發而為剛之勢。拳式中有關重之探討，以下分述之：

（一）自身走架

於每著停勢時，用意微微貫勁，不可用力，亦不可使氣，須順乎自然，用功日久，自能於輕靈中內含沉著，漸漸進入積柔成剛之階段。再加以鍛鍊，至極柔軟之輕靈，才能再由極柔軟之輕靈，鍛鍊至極堅剛之沉著。此沉著形成之剛，亦為「宜重則重」其中重之來源，重即為剛，由輕而重，由柔而剛。故鍛鍊時，輕靈與沉著須交互地鍛鍊，使不斷強化全身各部之掤勁，從而產生渾厚而虛靈中具沉著之內勁。

（二）與人交手

仍是捨己從人，周身上下相隨，順隨對方之來勢，避實就虛，隨屈就伸，以沾連之勁，輕輕沾住對方，毫不受對方之力，將對方引進，並於引進過程，對方之不知不覺中，使彼勁落空；再以粘隨之

勁，緊緊粘住對方，以控制對方之勁，達到乘勢借力，以輕制重，逼使對方不能得勢，進入「放之使去，不得不去」之窘境，而失去平衡，以達主宰在我，我順人背之勢，至此即可順勢，以素練沉著之內勁將對方發出。

　　拳之運用，雖知宜輕則輕，宜重則重，但若無充沛之內勁為支撐，縱使具備沾連粘隨之法則，與螺旋纏絲之外形，依舊不能引動對方，發勁亦不能乾脆，甚而反被對方所引動而失敗，故須培養充實之內勁，每一動作，開合虛實，切實分清，一順天機之自然，以意導氣，以達到意行氣隨，氣至勁發，行氣能如九曲珠，無微不到，運勁能如百煉鋼，何堅不摧之境界。

124

洪允和【拳理萃真】

允軒拳語..........

　　內收至小：纏絲緊湊，自然鬆回。　　　洪允和

【第五章】身法分類

【第五章】身法分類

　　陳氏太極拳是以太極陰陽開合、消息盈虛之理為立論，以內勁與外功為表裡，著重於內氣之運行，與剛柔相濟之應用。　潘師曾提出陳氏太極拳與一般太極拳明顯不同之處有三：其一、陳氏太極拳動作有快有慢，蓄發明顯。其二、陳氏太極拳運勁螺旋，纏繞運轉，是一種纏絲勁。其三、陳氏太極拳之呼吸，採用複式丹田呼吸。故陳氏太極拳之演練，在以身法中正為主，纏絲勁為本之基礎上，彰顯其獨到之處，以下分述身法演練時之重點：

潘　和【拳理萃真】

一、虛實分清

　　身法之總虛實在腰。動作時，以腰部左右腰隙之抽換來分虛實，而管制兩腿，腰隙實者，下方之腿亦為實，腰隙虛者，下方之腿亦為虛，須注意者，實不可站煞，虛則不能偏浮。

二、上下相隨

　　身法之虛實，除了須分清之外，仍須注意到上下相隨，且不但為外形之相隨，亦求內裏虛實，與外形虛實之相應。

三、貫串相連

　　練拳每一動作，均由腰部發動起，配合螺旋運轉之纏絲勁，順著各關節，連同肌肉轉動，使勁達四梢。故運動時，僅腰脊微微一動，能使全身內外各部配合連動，做到內外相合，貫串相連。

四、快慢相間

　　此處指習拳時，每一拳式之動作過程中，速度快慢之安排。演練時，應於轉關處慢，經過轉關處後，逐漸加快，運到落點時最快，再

復而轉慢，如此周而復始。

　　拳式之身法應以中正為主，走架時，保持穩定不亂，自然氣勢不散，且要能圓轉自如。武禹襄有身法八項，為含胸、拔背、裹膻、護肫、提頂、吊膻、騰挪、閃戰等八項，極為精闢，為習拳者所應共奉，並將此視為練拳之準則，置於平時練拳之中，使身法能於心靜用意下，一舉一動，皆能合乎規律，運用時，更能達成虛實靈換圓活之騰挪，與猝發抖勁，以小力勝大力之閃戰。

　　以下各篇，依陳氏太極拳拳式之動作技術，而歸納出端身正立之正身法，全身往外開之開身法，全身往內合之合身法，身形往前進之進行法，身形往後退之退行法，身形往上引之高身法，身形往下矮之低身法，身形往側行之橫行法，身形左右旋轉之轉身法，身形往上躍起之飛身法，身形往前縱出之縱身法，與暗地上步偷襲之偷襲步法，並加以文字闡述，與動作說明。

允軒拳語..........

　　　沉肘屈膝：手弓足弓，圓滿靈活。　　洪允和

一、正身法

　　端身正立，為正身法。此法身形之表現為堅剛沉重，支撐八面。拳式中僅有金剛搗碓為正身法。現以金剛搗碓式為例，說明正身法中，動作與用勁須留心之處。

　　拳式中之金剛搗碓動作順序，為太極初勢之後，於原地將身徐徐下落，兩手左逆右順，往左前斜方平伸，再由左旋轉至右，接著將右足尖外撇，重心偏於右足，身續往下落，再以左手引左足上前一步，右手引右足向前虛點。蓄勁完成，右手握拳上擊，左手下落，掌心向上，使右拳落於左掌上，同時右膝提起上擊，最終右足落地震腳。

　　正身法對於外形姿勢要求，首須維持頭部之正直，頭上似有根線懸住，往上提領。全身各關節須鬆開，而虛虛對準，以達到全身之節節貫串。餘分別以手眼身步等身體各部，分述練法之重點：

（一）手

　　須注意沉肩墜肘，兩肩關節並須與兩胯關節上下相對；肘之角度不可太曲，肘尖與膝蓋上下呼應；腕與前臂之連結不可斷。左手指節微屈，右手握拳，置於左掌上。左掌忌成爪狀，或緊抱右拳，兩手合住置於腹前，不可貼肚。

（二）眼

　　神之表現在於眼，須注意往前平視，不可旁視，目光向遠處看去。目光除有其定向外，眼神並應照顧周圍之各方。

（三）身

　　尾閭須中正，全身始可中正，如十三勢歌云：「尾閭中正神貫頂」。金剛搗碓定式時，胸背必須平正，使自然形成腹部呼吸。腰部須注意平直下塌，以助於沉氣及貫勁至四梢；且塌腰之同時，又須與

落胯及合膪相配合，如此下盤得以沉著含蓄，而更形穩固。

（四）步

在於兩足並齊之步型上，將兩膝微屈，前後左右均能互相呼應，兩足緊踏著地，足趾須貫勁緊抓地面，足跟不可掀起，始可得勢得勁。

正身法用勁重點，在於鬆開各關節，並使之前後、左右、上下均對稱地相互合住勁，亦即將周身勁一齊合住，始能表現其堅剛沉重。而周身勁一齊合住之法，陳鑫有謂：「頂與膪上下勁要合住；肩肘手和胸合住；兩膝勁要合住，腰勁下去；最後兩足要用鈎勁前後合住。」如此全身勁始可合住。更言「非但合之以勢，宜先合之以神。」可見內勁之合，須以神氣貫之，始能說合就合，而神氣貫之，即令神氣積聚，而不使之散漫，甚至於此定式之時，亦須似停非停，停而不停，式雖停，但下着之機已動。總之，務使拳勢能一氣承接，不令神氣間斷，是故練太極拳自始至終均具一氣呵成之勢。

【第五章】身法分類

圖 5-1-0

圖 5-1-1

潘允和【拳理萃真】

圖 5-1-0 ～ 圖 5-1-1

太極初勢之後，於原地將身徐徐下落，兩手左逆右順，往左前斜方平伸。

圖 5-1-2

圖 5-1-2 ～ 圖 5-1-6

左旋轉至右，接著將右足尖外撇，重心偏於右足，身續往下落，再以左手引左足上前一步，右手引右足向前虛點。

圖 5-1-3

接下一頁

圖 5-1-4

圖 5-1-8

圖 5-1-7 ～ 圖 5-1-8

蓄勁完成，右手握拳上擊，左手下落，掌心向
上，使右拳落於左掌上，同時右膝提起上擊，
最終右足落地震腳。

圖 5-1-7

接上一頁

圖 5-1-6

圖 5-1-5

二、開身法

全身往外開，為開身法。陳鑫謂：「開合虛實，即為拳經。」足見拳勢之開合，於太極拳中之重要性。開為放大、伸展，並含前進性。此法身形之表現為開展時，開之以意，且內外俱開，全身各部，以腰脊為中心，運用纏絲勁往外開展。砲捶拳式中之攢手，將兩手往外發勁之動作，即為開身法。現以攢手式為例，說明開身法中，動作與用勁須留心之處。

拳式中攢手式開身法之動作，為回頭撇身之後，腰微向左轉，重心稍向左，兩拳雙順往外，分向左右擊出發勁。此動作注意與操作要點如下：用意維持太極拳一貫之全身鬆淨與立身中正之要求，並以腰脊為中心，將外形身體之圓，由小而大；內裡丹田之勁，由內而外，以順纏螺旋開展，達於四梢。以下分述練法之重點：

（一）開之以意

開須開之以意，不在手足伸張之形式。開不以意，手足伸開雖大，仍不能謂之開，依舊轉換不靈，無法達到圓轉貫串之要求。須至功夫已到，而能自開時，始為真正之開。一旦為真正之開，將關節虛虛對準，往外開展，拳勢動作，自能圓轉自如；內勁傳輸，亦能穩定貫串，如陳鑫所謂：「往來屈伸，如風吹楊柳，天機動蕩，活潑潑地毫無滯機。」

（二）內外俱開

開身法之開，須內外俱開，粘隨而不頂撞。開之於內為勁，於外為形；內在之勁，須開之以意，外在之形，則隨內在之勁，開則俱開，並須與虛實、呼吸、纏絲勁相配合。外之開者，動作由虛變實，呼吸則由吸變呼，手足之纏絲由逆纏轉為順纏；而內之開者，則內勁由輕至沉，橫膈膜由升而降，內勁隨手足之順纏，發於丹田，而達於

洪允和【拳理萃真】

四梢。外與內相互為用，內外合一。

（三）腰脊為主

　　拳勢之動作，須維持腰部之靈活塌直，關節之虛虛對準。並以腰脊為中心，身體之圓由小而大，將身體各部往四周均勻地開展放大；同時以順纏運轉之纏絲，順著各關節旋轉，連同肌肉之轉動，使能節節貫串，相連不斷地向外開展。再加以膃胯之輔助，配合全身之開合轉換，做到開中有合，與開中再開，充份發揮離心力之作用，使內勁由丹田達於四梢。

　　潘師闡釋太極拳之本質，嘗謂：「太極拳是以纏絲勁為經，開合虛實為緯。經緯備而結合動作之剛柔快慢，成一種無與倫比之上乘功夫。」開身法即是於開之過程中，配合纏絲勁之順纏，不斷纏繞運轉，而達太極拳身形與運勁之完整結合。

圖 5-2-0　　　　　　　　　　　　圖 5-2-1

圖 5-2-0 ～ 圖 5-2-1
回頭撤身之後，腰微向左轉，重心稍向左，兩拳雙順
往外，分向左右擊出發勁。

三、合身法

　　全身往內合，為合身法。合為收小、縮斂，並含退行性。此法身形之表現為收合時，合之以神，且內外俱合。全身各部，以腰脊為中心，運用纏絲勁往內蓄合。拳式中之抱頭推山為合身法。現以抱頭推山式為例，說明合身法中，動作與用勁須留心之處。

　　拳式中之抱頭推山動作順序，為小擒打之後，兩手雙順，向外往左右展開，並以左足為軸，身腰往右轉一百八十度。轉身過後，右腳屈膝提起，隨即兩手分由左右旋向兩耳，並轉為雙逆，豎掌作抱頭狀，由兩耳後向前推出，同時右腳向前邁出一步，弓膝成右前弓步，式成。此式之注意要點如下：

　　合身法對於外形姿勢要求，首須維持太極拳一貫於身形要求之立身中正，兩眼往前平視。再將全身各部關節鬆開，虛虛對準而向裡合，使其達周身一起合住之目的。以下分述練法之重點：

（一）合之以神

　　合須合之以神，不在手足收合之形式。合不以神，手足收合雖密，仍不能謂之合，依舊有隙可乘，無法達到圓滿綿密之要求。須至功夫已到，而能自合時，始為真正之合。一旦為真正之合，四肢身體上下、左右、前後自然往內收合，拳勢動作，自能圓滿綿密；內勁傳輸，亦能穩定貫串。如陳鑫所謂：「周身一齊合到一塊，神氣不散，方能一氣流通，衞護周身。」

（二）內外俱合

　　合身法之合，須內外俱合，沾連而不躲閃。合之於內為勁，於外為形；內在之勁，須合之以神，外在之形，則隨內在之勁，合則俱合，並須與虛實、呼吸、纏絲勁相配合。外之合者，動作由實變虛，呼吸則由呼變吸，手足之纏絲由順纏轉為逆纏；而內之合者，則內勁

由沉至輕，橫膈膜由降而升，內勁隨手足之逆纏，而歸於丹田。外與內相互為用，內外合一。

（三）腰脊為主

　　拳勢之動作，須維持腰部之靈活塌直，關節之虛虛對準。並以腰脊為中心，身體之圓由大而小，將身體各部四周往腰脊均勻地收合縮小；同時以逆纏運轉之纏絲，順著各關節旋轉，連同肌肉之轉動，使能節節貫串，相連不斷地向內收合。再加以臑胯之輔助，配合全身之開合轉換，做到合中有開，與合中再合，充份發揮向心力之作用，使內勁由四梢回歸丹田。

　　合身法要求身體之整體合住，使全身各處無有縫隙，不僅要求外形上之合，尚須要求內裡之合。甚者，外形之合，更須隨內裡之勁向內合而俱合。欲求內裡之合，過程中除配合呼吸時之吸氣，與動作上由實漸變為虛外，再而使周身能一齊合到一塊，同時以神氣貫之，使內勁由四梢回歸於丹田，達到真正之合。而神氣之顯現，最要者在於眼，故打拳時，眼神必注於主手，則神氣自現，意氣風發。

允軒拳語.........

　　　　鬆而勿軟：寓意之鬆，非塌之軟。　　　洪允和

圖 5-3-0

圖 5-3-1

拳法先和【拳理萃真】

圖 5-3-0 ～ 圖 5-3-1

小擒打之後，向外往左右展開，
身腰往右轉一百八十度。

圖 5-3-2 ～ 圖 5-3-3

轉身過後，由兩耳後向前推出，同
時右腳向前邁出一步成右前弓步。

圖 5-3-2

圖 5-3-3

四、進行法

身形往前進，為進行法。用法時機為與人對峙，已於搭手中，趁勢以步法向前逼進。拳式中最為明顯之例，即為前蹬拗步。現以前蹬拗步式為例，說明進行法中，動作與用勁須留心之處。

拳式中之前蹬拗步動作順序，為蹬一根子左足向左蹬出之後，先為左足虛提，以左手摟左膝，左足往前上步。待左足落實，同時右足提起，又以右手摟右膝，右足往前上步。待右足又落實，同時左足提起，再往前踏出一步。本着左右兩足，連續上三步，向前逼進，其勢急速，有如敵被蹬倒，即連步趕上，向倒地之敵出擊之意。以下分述練法之重點：

（一）立身中正

身形前進時，須先將全身重心，完全落於前足，再將後足提至前足旁，然後再往斜向前進踏定。整體過程，須維持立身中正，頭頂百會穴至臀部會陰穴須垂直成一條直線，不可偏倚。肩與胯須保持上下對準之垂直線，並於前進時，兩胯直豎齊退，眼不可邪視，右手在前時，眼注於右手；左手在前時，眼注於左手。

（二）膝帶足跟

腿部之動作，則為先提欲進步之大腿，並以膝帶起足跟，使足尖斜向下垂，足面不可繃緊，再由屈而伸，緩緩邁出，足尖由下垂漸轉為上翹，足跟先輕輕著地，再而足掌及足尖落地，以至於整個足底之全面落實。

（三）虛實分明

動作轉換中應虛實分明，靈活自然，以足跟為樞紐，似繰絲般左右旋轉，不可掀起。足部邁步時須輕靈，不可重滯；落地時須穩健，

不可搖晃；足趾須抓地，但不可使拙力，使下盤得以穩固而得勢得勁。

用勁注意之處，仍須於有意無意之間，將頭部之頂勁虛虛領起，對正腦部之腦勁輕輕上提，使身軀維持自然中正，而不偏不倚。眼神除隨左右手以往還之要領外，其意亦須往前放遠，不以達於己身而止。全身須以纏絲運轉，配合腰脊為主與腦胯為輔，帶動四肢動作運轉，並備騰挪之勢，前進中有後退，後退中有前進，使達開中有合，合中有開，陰陽互為其根之妙，並於身形前進站定之時，使四肢身體上下、左右、前後均自然合住。

陳氏太極拳之拳勢動作，乃以鍛鍊纏絲勁為主，由其大無外之圈，造至其小無內之境，無論前進後退，左右旋轉，虛實變換，均須走弧形之運行路線。前進時，則先將全身重心置於前足，而將後足提至前足旁，再而斜出踏定，轉換虛實。身形前進站定時，應使一前一後之兩足，足尖俱平行向前，微向內扣，使具鉤勁，並賴以合前後之勁，可使下盤之根基更為穩固，並可鍛鍊踝部之強度與靈活度，提高身體之穩定性。

洪允和【拳理萃真】

允軒拳語..........

緊而非力：本質為鬆，纏緊為剛。　　洪允和

圖 5-4-0

圖 5-4-1

圖 5-4-0
為左蹬一根子左足蹬出
之後，先為左足虛提。

圖 5-4-1 ～ 圖 5-4-3
以左手摟左膝，左足往前上步，
待左足落實，同時右足提起，又
以右手摟右膝，右足往前上步。

圖 5-4-2

圖 5-4-3

接下一頁

接上一頁

圖 5-4-4

140

法先和
【拳理萃真】

圖 5-4-5

圖 5-4-5 ～ 圖 5-4-7
待右足又落實，同時左足
提起，再往前踏出一步。

圖 5-4-6

圖 5-4-7

五、退行法

　　身形往後退，為退行法。用法時機為與人對峙，彼於搭手中，進逼要勁，己則給勁，引而後退，拳式中最為明顯之例，即為倒捻肱。現以倒捻肱式為例，說明退行法中，動作與用勁須留心之處。

　　拳式中之倒捻肱動作順序，為金雞獨立之後，左手向後攦勁，引左足後退一步，右手向右開勁，轉至耳際，再向前掤出，重心偏於右足，右膝前弓，此為左退動作，接續動作，則為右手引右足後退一步之右退動作，右退時，身體各部配合之處，均與左退動作同，拳式中之左退及右退動作交替共三次。以下分述練法之重點：

（一）立身中正

　　身形後退時，須先將全身重心，完全落於後足，再將前足提至後足旁，然後再往斜向後退踏定。整體過程，須維持立身中正，肩與胯須保持上下對準之垂直線，並於後退時，兩胯直豎齊退；眼神注意後退之腳尖，眼睛始終注視前方，頭部不須轉向後看，意念上須有無人似有人之敵情觀念，始可綜觀全局。

（二）膝帶足跟

　　腿部之動作，則為先提大腿，以膝帶起足跟，與手部同時緩緩後伸，先輕落大趾尖，再而足掌及足跟落地，以至於整個足底之全面落實。

（三）虛實分明

　　動作轉換中應虛實分明，靈活自然，以足跟為樞紐，似繚絲般左右旋轉，不可掀起，足部落地時須穩健，不可搖晃，足趾須抓地，但不可使拙力，使下盤得以穩固而得勢得勁。

用勁注意之處，為有意無意之間，將頭部之頂勁虛虛領起，對正腦部之腦勁輕輕上提，使身軀維持自然中正，而不偏不倚，此至為重要。全身須以纏絲運轉，配合腰脊為主與腦胯為輔之要領，帶動四肢動作運轉，並於身形後退站定之時，使四肢身體上下、左右、前後均自然合住。此含左右勁之肩與肩，胯與胯等，左右勁或前後勁之肘與肘，手與手，膝與膝，足與足等，與上下勁之肩與胯，肘與膝，手與足等，均須同時合住，才能達到陳鑫所謂之：「周身一齊合到一塊，神氣不散，方能一氣流通，衞護周身。」

　　由於師承不同，本門陳氏太極拳之練法，纏絲圈較為圈小而細微，式中於身形後退時，動作上須先將全身重心，完全落於後足，再將前足提至後足旁，然後再往斜向後退踏定，轉換虛實。身形後退站定時，應使一前一後之兩足，足尖俱平行向前，微向內扣，使具鈎勁，並賴以合前後之勁，可使下盤之根基更為穩固，並可鍛鍊踝部之強度與靈活度，提高身體之穩定性。若習者之纏絲圈尚未練至小圈，後退時，則可先將後足之足尖往外打開，再行後退，則較易。若功夫已到，纏絲圈已為小圈，後退時，兩足均趾尖朝前，而相繼後退。

洪允和【拳理萃真】

圖 5-5-0

圖 5-5-1

圖 5-5-0 ～ 圖 5-5-1
為金雞獨立之後，左手向後
擺勁，引左足後退一步。

圖 5-5-2
右手向右開勁，轉至耳際，再
向前掤出，重心偏於右足，右
膝前弓，此為左退動作。

圖 5-5-2

圖 5-5-3 ～ 圖 5-5-4
接續動作，則為右手
引右足後退一步。

圖 5-5-3

接下一頁

圖 5-5-4

接上一頁

圖 5-5-5

圖 5-5-6

潘茂和【拳理萃真】

圖 5-5-5 ～ 圖 5-5-14
右退時，身體各部配合之處，均與
左退動作同，動作交替共三次。

圖 5-5-7

圖 5-5-8

接下一頁

圖 5-5-9

圖 5-5-14

圖 5-5-13

【第五章】身法分類

圖 5-5-12

接上一頁

圖 5-5-11

圖 5-5-10

六、高身法

身形往上引，為高身法。拳式中之白鵝亮翅、猿猴探果、金雞獨立等，均屬高身法。勁法運用中，往上者為掤，白鵝亮翅之右手上掤，即為掤手。是對方勢由上方而來，我將身形上引，同時右手上掤，以接其勁。現以白鵝亮翅式為例，說明高身法中，動作與用勁須留心之處。

拳式中之白鵝亮翅動作順序，為金剛搗碓之後，右手向上，左手向下，兩手旋轉相合於胸前，然後再展開右手，上旋至額前，左手下旋至胯旁。腳部重心隨手轉換，右足向右斜上半步，重心偏於右足，左足隨右足移上半步，虛點於地。式中，左足隨右足上步，虛點於地時，同時兩手上下展伸，身形同時上引。動作中，上掤時為引勁，引而不擊，將擊搏之勁藏於引進之中。以下分述練法之重點：

（一）虛領頂勁

用勁之方式，以頂勁之虛虛領起，最為重要；要以中氣領起全身，不可領得太過，亦不可領得不及，故須以意念去虛領。虛領頂勁不但具提振精神之功效，亦使身體能達立身中正之要求。

（二）掤勁不丟

拳式動作中，上肢部須注意肩要鬆開而下沉，不能因手臂向上而聳肩，仍須有似被壓下之感。肘部須始終微曲，不可打直，沉肘並有下墜之勁，縱使於右手高舉之時亦復如此；下肢部則須謹守「步隨身換」之法則，身法一旦轉換，步法之虛實必定隨之變換，並隨時使上下、前後、左右之勁道，相互對稱平衡，使拳式之動作過程，均能維持穩定狀態。膝亦須維持一定之彎曲，不可打直，使產生一定之彈性。運用時，並能始終維持全身之掤勁，做到太極拳之沾連粘隨與不丟不頂之功夫。

（三）樞紐在腰

開合之樞紐，居於腰間。演練白鵝亮翅式，須特別注意之處是在於身形上引，右手掤勁向上，左手按勁向下時，須牢記除了主宰於腰，一動無有不動，一靜無有不靜，主從分清之重點外，全身還須配合腰之轉動，以腰領著身體上引過程中，使上下體於腰之連結下，須勁整而密不可分。

（四）鼻吸帶哂

身形往上時，為引勁，兩手一上一下展伸，同時呼吸為吸氣。自然地從鼻孔吸氣帶有「哂」音，待式成時，「哂」音停止。通過呼吸導引，帶入此聲，可有益於肺。

允軒拳語..........

借地之力：借地反力，動力乃生。　洪允和

圖 5-6-0

圖 5-6-1

圖 5-6-0 ～ 圖 5-6-2
金剛搗碓之後，右手向上，左手向下，
兩手旋轉相合於胸前，然後再展開右
手，上旋至額前，左手下旋至胯旁。

接下一頁

圖 5-6-2

圖 5-6-5

圖 5-6-3 ～ 圖 5-6-5
腳部重心隨手轉換，右足向右斜
上半步，重心落在右足，左足隨
右足移上半步，虛點於地。

圖 5-6-4

接上一頁

圖 5-6-3

七、低身法

身形往下矮，為低身法。用法是以身形下矮，避敵之勢，或可將足伸入敵足間，蹬人以取勝。拳式中之擺腳跌岔與切地龍等，均屬低身法。現以擺腳跌岔式為例，說明低身法中，動作與用勁須留心之處。

拳式中之擺腳跌岔動作順序，為運手之後，兩手由左隨身腰運至右側，弓右膝。再隨身腰左移，重心偏於左腳，右腳向左旋踢，擺打兩手，順勢將兩手握拳相合，朝右順左逆展開，再而右足落地震腳，並於落下後以膝跪地，同時左足貼地前伸，足尖翹起，臀部貼於地面，兩拳雙順向前後伸展，左拳照左腳面推出，右手向後向上高舉，有欲助左足之意。以下分述練法之重點：

（一）虛領頂勁

用勁之方式，以頂勁之虛虛領起，最為重要；低身時，全身須蓄虛靈之勁，頂勁領起，眼注左手左足，氣往前合住，右膝屈住而不踏實，臀部貼地亦實而虛，如此才能將身領起。

（二）掤勁不丟

拳式動作中，無論低身往下或起身往上往前，均須以腰領身，一動全動，才能始終維持全身之掤勁，尤以低身時，身子一方面下矮，而另方面胯隨之不斷打開，全身才能掤住。起身時，接續低身時之意，以腰領身，全身同時朝往上往前之目的進行，將與地面接觸之左足踵往前合，右膝仍外開，右足踵用力翻起，始可起身。

（三）樞紐在腰

開合之樞紐，居於腰間。起身之時，腰部如車軸般直豎，穩定而圓轉向前，帶動內氣及四肢旋轉，尤其是右手隨腰上起之動作，其旋

轉正如車輪般之旋轉，直往向前，不可搖擺，上下體於腰之連結下，須勁整而密不可分。

（四）關節須開

跌岔之動作是右腿屈住，左腿貼於地面，左手與左腿一起展開，右手拳屈，以肩為中心欲畫圓而上，此皆須鬆開全身關節，始能將手足做到位，故須不斷苦練，將關節鬆開，才能將此式做到圓滿。

由於跌岔動作難度較高，初學者、年紀較長或體衰者較為不宜，拳架中可以仆步或馬步代之。且切記，欲做此動作前，須先熱身，升高體內溫度後始得行之，以防不慎而受傷。

允軒拳語..........

摺疊轉換：往左先右，往下寓上。

圖 5-7-0

圖 5-7-1

圖 5-7-0 ～ 圖 5-7-1
運手之後，兩手由左隨身腰運
至右側，弓右膝。

圖 5-7-2

圖 5-7-2 ～ 圖 5-7-4
再隨身腰左移，重心坐於左腳，
右腳向左旋踢，擺打兩手。

圖 5-7-3

接下一頁

圖 5-7-7

圖 5-7-6 ～ 圖 5-7-7
右足落地震腳,並於落下後以膝跪地,
同時左足貼地前伸,足尖翹起,臀部貼
於地面,兩拳雙順向前後伸展,左拳照
左腳面推出,右手向後向上高舉,有欲
助左足之意。

圖 5-7-6

圖 5-7-5
順勢將兩手握拳相合,
朝右順左逆展開。

接上一頁

圖 5-7-5

圖 5-7-4

八、橫行法

身形往側行，為橫行法。橫行法移動之方式中有以足尖出步之滑步，及以足跟出步之劐步等，其中劐步耗力卻穩定，是陳氏太極拳中極重要之步法。步法之劐步，為先提一足為虛步，出足劐步後為弓步，並漸換重心成馬步，再而重心轉換為弓步，其中包括了虛步、弓步、與馬步之變換。現以運手式之劐步為例，說明橫行法中，動作與用勁須留心之處。

拳式中之運手動作順序，為單鞭之後，右手變掌，重心向右移，弓右膝，提左足向左劐步，兩手上下翻轉交替，重心向左移，右腳向左移一小步，兩手上下翻轉交替，再將重心右移，提左足再向左劐步，如是左右互換，上下運轉左右各三次，運至第三次左手向左方，成左弓步。轉換之動作分為提、落、開、扣四法，以下分述練法之重點：

（一）提足

實足隨身鬆而沉勁向下，虛足提勁上提，實足纏絲越往下鑽，足底感覺越重；同時，虛足膝蓋亦提越高，足尖方向越往下。

（二）落足

身腰下落，實足更為彎曲，使重心更往下落，虛足以足跟內側往側邊貼地劐出，兩足方向一致，可令身形中正，而不致變化扭曲。

（三）開足

將部分重心移至虛足，並以此足跟為軸，轉動足尖方向，隨胯將足打開，使得大腿與小腿均因開胯屈膝而轉緊。

沈光和【拳理萃真】

（四）扣足

將原來實足之重心，更往虛足移，同樣以足跟為軸，於轉換重心之同時，轉動足尖方向，使與另一只足之方向平行。

身形之轉換，重點在於須走弧形，出步時，先要坐穩一足，屈膝鬆胯，穩定重心，然後另一足緩緩地弧形邁出。凡欲向左出步，右腰隙先向下落實，右胯根同時內收亦落實，左腿出步就輕靈，反之亦然。

其他尚須注意之處：

（一）運轉螺旋

拳式之動作，於運行之中，亦應注意足部之螺絲。陳鑫謂：「足運行極其纏綿不直，又能隨手運行，不失螺絲纏勁。」

（二）五趾抓地

扣足時，須以鈎勁使下盤穩定。將一只足之足跟依地一擰，使足尖轉順與另一只足之內扣同時一齊合住，使五趾抓地，有助於身形之穩定。

（三）腰部塌直

頭須領起使腰虛靈，身須中正鬆沉，使腰直豎堅實，並使腰勁下塌而穩定，做到支撐八面。

圖 5-8-0

圖 5-8-0 ～ 圖 5-8-2
單鞭之後,右手變掌,
重心向右移,弓右膝。

圖 5-8-1

圖 5-8-2

圖 5-8-3 ～ 圖 5-8-4
提左足,向左剷步。

圖 5-8-3

接下一頁

圖 5-8-4

圖 5-8-8

圖 5-8-6 ～ 圖 5-8-8
右腳向左移一小步，兩手上下
翻轉交替，再將重心右移。

圖 5-8-7

圖 5-8-5
兩手上下翻轉交替，
重心向左移。

圖 5-8-6

接上一頁

圖 5-8-5

接上一頁

圖 5-8-9

圖 5-8-9 ～ 圖 5-8-10
提左足，再向左劙步。

圖 5-8-10

潘光和【拳理萃真】

圖 5-8-11 ～ 圖 5-8-17
如是左右互換，上下運轉左
右各三次，運至第三次左手
向左方，成左弓步。

圖 5-8-11

圖 5-8-12

接下一頁

圖 5-8-13

圖 5-8-17

圖 5-8-16

圖 5-8-15

接上一頁

圖 5-8-14

九、轉身法

身形左右旋轉，為轉身法。此法身形之表現為轉動時，須以腰脊為中軸轉動，腰部直豎堅實，勁塌而靈活，拳式中閃通背中之轉身，即屬轉身法。現以閃通背式為例，說明轉身法中，動作與用勁須留心之處。

拳式中之閃通背動作順序，為斜形之後，兩手雙順，合於左膝上，之後兩手轉為雙逆，並隨右足後坐之勢，收於右肋後，繼續逆纏轉向前。再隨左足後退，兩手成右順左逆下落，展伸平舉於左，接著弓右膝，兩手繼續右順左逆，隨身向右轉，左足上步，弓左膝，左手轉向前落下，右手從左腋下轉出。繼續身向右轉，兩手變為雙逆，隨身右轉往上下展開，再變為雙順而合於身前，接著雙逆展開，右足往後虛提，成右虛步，至此式成。以下分述練法之重點：

（一）關節鬆開

全身關節俱鬆，尤其胸脊與腰脊更須注意鬆開，關節均能對正而貫串。腰胯能夠鬆沉，自使臀部內收，腦勁充足。腦勁充足而虛圓，轉動時可顯得靈活而穩固。

（二）重心穩定

1. 立身中正

百會穴至會陰穴須垂直成一直線，須使身軀頂、胸、腰、腦與手足四肢時時保持平衡，不偏不倚，無過不及，使身體中正而重心穩定。尤其腰部豎直，自能堅強有力，腰幹亦能挺得起。

2. 氣沉丹田

立身中正使重心不偏歪；氣沉丹田則使重心下降，身軀穩當。故須注意鬆肩、沉肘、塌腰、心氣下降，使氣沉於丹田。

3. 虛實分清

以虛實平衡身體之重心，由於轉身動作因素，使得方向角度均產生變動，須不斷變換虛實，使重心維持平衡而穩定。

4. 胯對足跟

以胯對正足跟，且如彈簧般壓縮，使其活動靈活，勁力貫串而富於彈性。而胯、膝、足尖，亦須排列成一直線，避免膝、踝受側向扭曲而受傷。

（三）由腰發動

動作開始，須由腰部發動起，腰動手足身體各部都隨之而動，運用纏絲勁，順著各關節旋轉，使節節貫串，周身一家。動作中須活腰鬆膕，使動作靈活而不顯重滯，使四肢之動作協調而平衡，於任何角度，均能維持重心之穩定。

（四）足跟擰轉

轉身時以實足之足跟向下擰轉，過程中足跟不可掀起，有如螺絲釘般之旋轉，而足尖亦須抓地，好似時針般之轉動。

用勁注意之處，仍須於有意無意之間，將頭部之頂勁虛虛領起，對正膕部之膕勁，並使膕勁輕輕上提，使身軀維持自然中正。同時須注意腰部之鬆及塌，勁之鬆，可使動作靈活；勁之塌，則可使內氣下沉，並配合膕勁之開圓，轉身時使重心更形穩定。

圖 5-9-0

洪允和【拳理萃真】

圖 5-9-0 ～ 圖 5-9-3
為斜形之後，兩手雙順，合於左膝上，
之後兩手轉為雙逆，並隨右足後坐之
勢，收於右肋後，繼續逆纏轉向前。

圖 5-9-1

接下一頁

圖 5-9-2

接下一頁

圖 5-9-5

圖 5-9-4 ～ 圖 5-9-5
再隨左足後退，兩手成右順
左逆下落，展伸平舉於左。

圖 5-9-4

接上一頁

圖 5-9-3

接上一頁

圖 5-9-6

洪允和【拳理萃真】

圖 5-9-6 ～ 圖 5-9-8
接著弓右膝，兩手繼續右順左逆，隨身
向右轉，左足上步，弓左膝，左手轉向
前落下，右手從左腋下轉出。

圖 5-9-7

接下一頁

圖 5-9-8

圖 5-9-11

圖 5-9-9 ～ 圖 5-9-11

繼續身向右轉，兩手變為雙逆，隨身右轉
往上下展開，再變為雙順而合於身前，接
著雙逆展開，右足往後虛提，成右虛步。

圖 5-9-10

接上一頁

圖 5-9-9

十、飛身法

身形往上躍起，為飛身法。此法之表現為躍起時，全身各部奮力向上縱起。拳式中踢二起腳為飛身法。現以踢二起腳式為例，說明飛身法中，動作與用勁須留心之處。飛身法中，身形之躍起，重點在於動作時，全身各部，借地面之反作用力，聳身向上縱起，躍至最高處；並於落地時，維持身形之穩定，並減低與地面之撞擊力量，避免下肢關節傷害之發生。

拳式中踢二起腳之動作順序，為神仙一把抓之後，以左腳為軸，身腰向右轉一百八十度，兩拳隨勢旋轉至胸前，成拳背向下，同時右足尖虛點於左足前。待蓄勢已足，兩拳隨即變掌，左右兩足相繼踢出。先以左足踢起，將落之時，右足隨起，左手略向上經前落下，再旋至左後，右手則落下向後，再旋轉至前。於左足落地時，右手恰旋至前，以右掌拍擊右足面，左手則平舉於左後。此式躍起之動作分期分述於下：

（一）預備

全身鬆靜，立身中正之原則下，做到虛領頂勁、含胸拔背、沉肩墜肘、鬆腰落胯之要求。尤其腰部須塌直，以期堅實有力，躍起時能跳得高而穩定。

（二）沉身

全身更往下沉，實者更實，虛者更虛，使虛實更加明顯。虛非無力，實非站煞；並使全身各部平衡，重心穩定。

（三）起跳

右足朝下蹬地，借地面反作用力，使左足先行躍起，且將膝部上提。

（四）騰空

左足將落之時，右足借左足升提上躍之勁，往上盡力升提。此時全身皆往空中聳躍，兩手隨腰順勢畫圓，左手略向上經前落下，再旋至左後，右手則落下向後，再旋轉至前。

（五）落地

左足落地時，右手恰旋至前，以右掌拍擊右足面，右足盡量踢高，至少須與天庭齊，左手則平舉於左後。踢時足面須繃平，膝部上提，以小腿彈踢，拍擊足面。

用勁注意之處，首為頂勁之提領，同時眼注於右手，可使頂勁更為領足。聳身向上縱起時，須連肩一併往上提起。右足向下蹬地時，胯、膝、足尖之勁力須貫串，避免膝、踝受側向之扭曲。右足向上彈踢時，則右足與右手相互呼應，上下相合。

拳式中之躍起動作，要求躍起時，身形之盡力上拔；拍擊時，右足之盡力踢高。然躍起時跳得愈高，落地時人體所承受之作用力亦愈大。一旦地面反作用力大於人體骨骼、肌肉系統所能承受範圍，即可能對人體內部組織造成傷害。故於落地時，須注意以足尖足跟之著地形態落地，以減緩地面反作用力，且落地時利用踝、膝、髖關節之屈曲，以延長緩衝時間，減低地面反作用力對人體之撞擊力量。

練拳依其法度，再以勤奮不懈，自能加強肌力、肌耐力之強度，與增強神經、肌肉間之協調性，可強健身體，以防受傷。若欲提升躍起表現，亦可另加跳躍運動之練習，以提升躍起之爆發能力，與降低可能之運動傷害。

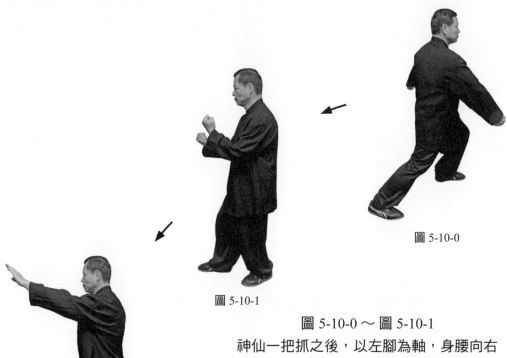

圖 5-10-0

圖 5-10-1

圖 5-10-0 ～ 圖 5-10-1

神仙一把抓之後，以左腳為軸，身腰向右
轉一百八十度，兩拳隨勢旋轉至胸前，成
拳背向下，同時右足尖虛點於左足前。

洪光和【拳理萃真】

圖 5-10-2

圖 5-10-2 ～ 圖 5-10-4

待蓄勢已足，兩拳隨即變掌，
左右兩足相繼踢出。

圖 5-10-3

圖 5-10-4

十一、縱身法

身形往前縱出，為縱身法。此法之表現為縱身時，將全身鬆透，將纏絲收到盡頭，使勁蓄足。再以足蹬地，藉地面所產生之反作用力，以騰步向前躍進。於大動作當中，除須竭力向前，又須護住周身，實為不易，故維持掤勁亦非常重要。尤其凌空中左掌之向前發勁，須注意手部不可往上飄揚，亦不可著力。拳式中玉女穿梭為縱身法。現以玉女穿梭式為例，說明縱身法中，動作與用勁須留心之處。

拳式中玉女穿梭之動作順序，為單鞭之後，向右轉身，右腳收至左腳前，重心偏於左腳，兩手交叉於胸前。兩腳先後震地，右腳向前踏出，身形往前縱出，並向右轉身騰步，同時左手向前推出。此拳式為羣戰突圍手法之一，屬速進交手法，故動作時，要求身形之奮力向前，快速以騰步躍進。縱身過程中，整體動作須流暢連貫，步落粘地即起，一氣呵成，毫不停留，不得或有停頓間斷之情形。而氣勢上則威猛雄壯，一往直前，莫能遏抑。

此處特別說明縱身之過程，其預備動作為：坐左腿，右腳虛點於左腳尖前，左手在上，右手在下，兩手交叉於胸前。以下分述練法之重點：

(一) 蓄勁

全身下沉，同時右足稍往前滑出，左手稍往後，右手稍往前。左足落得更實，右足更虛；並講究虛中有實，與實中有虛，使步法之變換，更為靈活迅速。

(二) 再蓄

全身更往下沉，同時右足往前滑出一步，左手更往後，右手更往前，此時兩足間距離加大，使虛實更加明顯，完成蓄勢之準備。

（三）躍進

右腳尖微著地出勁，左腳向前躍步，同時身腰右轉，右腳隨之亦前躍，兩腳騰空，動作流暢，毫不停留。兩手前後對拉，左掌隨腰向前推出。

（四）落地

身腰繼續右轉，身形向前躍出後，左腳先行落地，此時右腳仍懸於半空中。兩手則分向身子兩側伸長，與肩同高，兩手掌心朝下。

（五）轉身

身腰繼續右轉，左腳先行落地後，轉至與躍進前同向，共轉身三百六十度。緊跟著右足亦落地踏實。兩掌隨勢右順左逆展開，交合於胸前。扣左足，轉換重心，成右弓步之攬扎衣式。

其他尚須注意之處：

（一）腰脊為主

以腰脊發揮中軸之功能，帶動身形之躍進旋轉，與動作之開合轉換。並配合螺旋運動之纏絲勁，達到節節貫串，周身一家。

（二）擰腰扣膪

此動作屬速進交手法，要求動作之迅速，與竭力向前；故以騰步往前躍進時，要求擰腰扣膪，以加強往前之衝力與彈力。

（三）動作連貫

拳式中之躍進、出勁、轉身、落步等動作，須動作連貫，一氣呵成。身形向前躍進後，俟左足一落地，即向右轉身，重心亦須迅速轉換，穩定下盤。

圖 5-11-0

圖 5-11-1

圖 5-11-0 ～ 圖 5-11-3
單鞭之後，向右轉身，右腳收
至左腳前，重心偏於左腳，兩
手交叉於胸前。

圖 5-11-2

接下一頁

圖 5-11-3

接上一頁

圖 5-11-4

圖 5-11-4 〜 圖 5-11-8

兩腳先後震地，右腳向前踏出。

圖 5-11-6

圖 5-11-7

接下一頁

圖 5-11-8

圖 5-11-13

圖 5-11-12

圖 5-11-11

圖 5-11-9 ～ 圖 5-11-13
身形往前縱出，右轉身騰步，同時
左手向前推出，身形向前躍進後，
俟左足一落地，即向右轉身，重心
亦須迅速轉換，穩定下盤。

接上一頁

圖 5-11-10

圖 5-11-9

十二、偷襲步法

暗地上步偷襲，為偷襲步法。於對方不知不覺之中，趁勢偷偷上步，利用掤、攦、擠、按等勁，順勢化被動為主動，創造有利機勢，充分發揮各種拳勢技巧，達到致勝之目的。拳式中最為明顯之例，即為小擒打。現以小擒打式為例，說明偷襲步法中，動作與用勁須留心之處。

拳式中之小擒打動作順序，為演手肱拳後，右腳向前一步，左腳隨即跟上，同時右拳變掌，向上向前推出，左掌則上撩後，隨右掌旋轉向前，左腳上步，弓膝，左掌並置於右腕上。以下分述練法之重點：

（一）轉換靈活

拳勢之動作，須虛實分清，才能輕靈快速，轉換靈活。故上步時，除須用意，使精神團聚，不可散漫之外，於兩足交替上步時，須含騰挪之意。一足屈膝鬆胯，另一足才能轉移重心，隨腰以弧形圓轉，輕靈邁出，穩健落地。期能貫串相連，並因應機勢，避實就虛，而據於優勢地位。

（二）重心穩定

立身中正及氣沉丹田，為重心穩定之基礎。而動態之上步動作中，由於身形不斷變換，欲維持重心之穩定，則相對較為困難。故須特別留意，以虛實來平衡重心，不但手足分虛實，全身各部亦須分虛實，並配合腰膂勁之挪移，使四肢動作，能夠協調而穩定。

（三）上下相隨

足部之步法與手臂之動作欲協調一致，除手足同側之纏絲須上下相隨外，內裏與外形之虛實，亦須上下相隨。邁步之足虛，虛足上之

洪允和【拳理萃真】

手，必定為實，不但外形上須相隨，且要求內裏虛實與外形虛實之相
應。一旦分清虛實，全身勁力始能貫串，勁整而不散亂，且發勁亦能
有其根源。

　　此式用勁留心之處，因屬與人交手之運用，故除具備肢體各部，
如頂、腰、膰、足等勁之各項要求，與整體維持之纏絲勁、掤勁、鬆
勁等之外，另須巧於運用沾、連、粘、隨等各勁之用法，以求於隨屈
就伸之過程中，達到無過不及，不丟不頂等太極拳之運用原則。另須
注意者，動作於纏絲勁向前時，不可有絲毫回勁，而致影響步法之運
用。應於順勢中，接近對方，佔據有利位置，取得得勢之地位，同時
令對方背勢，可相對減少對我之威脅，並能增加運用時之威力。

　　偷襲步法之運用，在鞏固自己立於不敗之地，平日應勤練步法，
可使動作更為流暢，同時亦可增加自己身體各部之協調，有助於平
衡，並使得腿部穩固有力。步法正確而適當，可更有效地運用手足，
使發揮最大之功能。

圖 5-12-0

圖 5-12-1

圖 5-12-0 ～ 圖 5-12-1

為演手肱拳後，右腳向前一步，
左手置於右腕上方。

圖 5-12-2

洪允和【拳理萃真】

圖 5-12-2 ～ 圖 5-12-4

右拳變掌，向上向前推出，
左掌則上撩後，隨右掌旋轉
向前，左腳上步，弓膝，左
掌並置於右腕上。

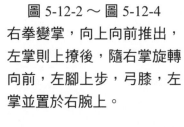

圖 5-12-3

圖 5-12-4

【第六章】允軒拳話

【第六章】允軒拳話

　　允軒拳話為個人發表之文章，皆為平日教學所悟所感，並印證於前輩遺留之資料，所參悟而成。過程中，尤其感謝　潘師留下許多精闢見解，方能於萬般拳理中了然不惑，有跡可循，不致感覺漫無目標，而迷惑慌亂。

　　收錄文章中，有多篇曾發表於《允軒會訊》，藉以傳達習拳之重要觀念，與解惑拳藝之諸多不解。每一篇，均為多日冥思苦索，絞盡腦汁之作。其中更包括　潘師之拳學心法：「降龍伏虎」、「海闊天空」、「光芒四射」、「抱元守中」等四者，予以發揮說明，其用意，無外乎使後之習者，更能快速領略拳學之道理，拳藝更臻上乘。

潘允和【拳理萃真】

一、降伏意為先

降伏意為先，為　潘師所傳拳學心法之一「降龍伏虎」之發揮。太極拳以能用意為第一要義，練拳時每一動作，須先經由腦之想像，練習日久，使產生氣感，並將氣收斂入骨，而達深奧功夫。此降伏意為先，其意所欲降伏之對象，即為氣，惟能用意行氣，始能意到而氣到，再能與拳勢之動作配合，則達氣到而勁到。

吾人練拳，自以運氣為主，然此氣非一般肺呼吸之空氣，為人身經絡中通行之內氣，陳鑫著作中稱此氣為中氣，為人所秉受於天，本來之元氣，稱之謂太和元氣。吾人所欲追求之氣，即為此不滯不息，不乖不離，不偏不倚之中氣。陳鑫言：「氣之在體，無不充周，而其統率在心，心氣一發，能先聽命者，腎中之志；心機一動，志則順其心之所向，而五官百骸皆隨之而往焉。」以意行氣之法，以下分述之：

（一）腦中想像

即每一動作，須先經由腦之想像。尤其先要心靜，心靜則意專而誠，始見其功。常人之息至中脘而回，而習太極者，當求氣之深長，故應使氣沉丹田。操作之法，以腦之想像，將內氣沉入臍下小腹之丹田處，練習日久，丹田之氣，即逐漸涵養充實，丹田氣足，自然生勁，且重心下降，穩如磐石。

（二）呼吸與拳勢配合

但欲達真正之氣沉丹田，除用意與放鬆外，尚須配合呼吸與動作，始能成效。呼吸之配合，在於吸氣時橫膈膜上升，腹部微收，使氣聚於丹田；呼氣時橫膈膜下降，部分氣由鼻呼出，部分氣則仍下沉於小腹，部分氣移行於臍部，小腹同時自然外鼓，使氣於腹部鼓蕩，滔滔不絕，此為腹部反呼吸，亦稱丹田呼吸。陳照丕謂：「不外乎鬆

肩、沉肘、含胸、塌腰、心氣下降，氣可以歸於丹田。」

　　氣沉丹田之於拳，極為重要。且練拳過程，更須要求鬆肩、沉肘、含胸、塌腰、心氣下降，氣始可歸於丹田，故可將氣沉丹田視為太極拳功力，能否更加深入之一個檢視之所，故應時時在意，時時鍛鍊，每一呼，必使從丹田出，每一吸，必使歸於丹田，練拳時如此，不練拳時亦復如此。拳勢中之動作運行，更須結合用意，行氣，練形三者相互內外交修，氣由丹田發動，隨意之向外，而運於身之五官百骸，肌膚毫毛，亦隨意之向內，並使氣回歸於丹田。鍛鍊日久，功夫愈練愈深，則丹田聚氣愈多，勁力愈足，且由於致力氣沉丹田之過程，會感覺腹內鬆靜，而氣勢騰然之舒暢。

潘岳和【拳理萃真】

二、人身似海天

人身似海天，為　潘師所傳拳學心法之二「海闊天空」之發揮。此言平時運動吾身之際，須維持最佳之空鬆狀態，將全身完全放空，不著一絲之拙力，如海天般之廣大空闊、橫無際涯。吾人身體果真能如海天般之透空，那是何等廣大空闊之感覺，非但提昇吾人鍛鍊之高度與目標，令習者知所依歸，亦發嚮往之心，而倍加努力，以期能及於渾然無迹，妙手空空之境。至於如何於肢體運行中求其空，於形質要求上求其鬆，則為吾人終身勉力之目標。以下分述之：

（一）肢體運行中求其空

重點在於纏絲勁運行時，對心靜和順之掌握。陳氏太極拳運動時之一切動作，除走弧形外，同時並須以螺旋式之纏絲勁法運行。纏絲勁是由動作身體各部，而形成之各種大小不等之螺旋圓圈，其運行之要點，如陳鑫所言之：「沿路纏綿，靜運無慌。」各層纏絲勁之圈，均應於運動時心靜不亂、輕靈細膩，以達空靈之境。

（二）形質要求上求其鬆

重點在於外形與內裡對鬆之體悟與貫徹。鬆之於拳術，不僅為拳技走粘要訣，實亦為由技入道，修養身心之不二法門，於身於心皆具奇效。鍛鍊之要點，如陳鑫所言之：「肌膚骨節，處處開張。」身鬆之效，可使身體各部組織，獲得調和平衡，心鬆之益，可使內部情緒知覺，全然虛無空靈。

纏絲勁出入身體，其所運行之圈，與身體表裡各部，其所注意之點，主體均為吾之身體，為吾人追求空鬆所關注施行之所。其兩者之相互關係，依陳鑫之六十四卦顛倒相綜圖，與六十四卦顛倒相錯圖所示之卦象說明：「太極拳纏絲勁之大圈小圈約有六層，與人身之皮

膚、肌肉、筋腱、網膜、骨節、腦髓六層,適相符合,凡血氣之流通,精神之凝聚,均可於上下,升降、表裏、出入時,驗其圈之大小,而能得其環中者,當自知之。」所謂之得其環中者,當指能致於空鬆者;惟能致於空鬆,始能體會層層透空之空闊。

此外,鬆之於氣亦有極大影響,十三勢歌云:「腹內鬆淨,氣騰然。」能鬆則能以意導氣,氣隨意行,意之所至,氣即隨之,並使一氣流通,騰然四佈,氣亦能收斂入骨,沉入丹田。故吾人於練拳當中,自應於鬆字上多下工夫,以期得其環中,一旦空鬆能得,自能領悟陳鑫謂之:「空空跡化歸烏有」神妙之境。

三、吾身天地合

吾身天地合，為　潘師所傳拳學心法之三「光芒四射」之發揮。太極為天地萬物之根本，太極拳乃依據太極陰陽法則演變之拳法，故拳藝之理同於天地之理，太極拳之鍛鍊，應循陰陽、動靜、剛柔等太極之理，使吾身之身心合一，進而使吾身與天地合一，達空空迹化歸烏有之境界。

欲達吾身與天地合之境界，須以理解纏絲勁為始。纏絲勁為陳氏太極拳獨特螺旋圓轉之手法，外練形式，內養中氣。久練有成，自能產生一股渾厚，於虛靈中帶有沉着之纏絲勁。依此纏繞螺旋動作之概念加予擴充，將得以理解以拳勢鍛鍊之無息，而致拳術意境之深妙。

陳鑫謂：「若是功夫純熟，由其大無外之圈，造到其小無內之境。」即指纏絲之圈，其用之妙。拳勢動作中，纏絲勁可形成許多大小不等纏絲之圈，大圈之內有小圈，小圈之內有更小圈，以致小至無內之圈。另者，大圈之外有更大圈，更大圈之外仍有更大之圈，最後更可致大至無外之圈，而與天地之大圈合而為同一圈。而此際，吾身自與天地合也。以下分述之：

（一）用之以意

首先，由拳架實際動作演練中，用意於所有靜止及運行中之拳勢動作，秉於虛領頂勁與氣沉丹田之法則，外示安逸，內固精神，氣勢活潑騰挪，腹內氣機鼓盪，於動靜中維持身體各部之平衡，同時不斷蓄積體內強弓之弩般，具彈性勢能之能量。

（二）追求互動和諧

可由個人拳勢動作，延伸為雙人對練之搨手，於兩人往來推動中，以沾連粘隨屈伸肢體，融合太極拳動靜、緩急、虛實、剛柔等陰陽互變之應用，其過程，非但延展個體有關太極之要求與氣韻，甚而

追求個體與個體間之互動與和諧。

（三）相融天地之間

再而將雙人對練搭手之對象，原為單一個體，加以無盡之延展與想像，擴及於外在環境，甚而延展至整個天地，並用意使氣勁與天地相結合，使人相融於天地之間，此刻即達吾身與天地相互和諧圓融之境界。

多年來，適值受邀於朱銘美術館，指導美術館導覽小藝工之養成教育，藉由雕刻大師朱銘聞名於世之太極系列作品，傳遞太極精義內涵，與自然豐厚之哲理，對於太極系列作品得緣深以研究；朱銘以其簡約穩定之人形石雕，生動有神之拳勢動作，直令觀者深刻感染其作品活潑騰挪、渾厚內蘊之氣勢，與天機流動、無限延伸之意象，此正為人與自然結合之最佳詮釋，亦能使觀者拍案驚奇，甚而能隨景而共融於自然之中。非但傳達藝術家於精神層面之藝術內涵，亦而呈現出武術家所欲追求之太極大道。其中單招作品，如「單鞭下勢」之個體張力；對招作品，如「推手」之陰陽互動；乃至合體作品，如「太極拱門」之和諧永恆，更為「吾身天地合」整體過程之具體寫照。

太極拳學實乃博大精深而無有窮盡，是為終身不盡之學。學習途徑固有跡可循，卻無人能及其終點，但求接近耳。然吾人於鍛鍊無息中，果能遵其規矩，一切合於法度，以虛靈之精神，鍥而不捨，意誠而專於身心之鬆沉靜定，往來屈伸，毫無滯機，吾人身體白能感知所下功夫之回饋，整個學習過程，無數之驚喜亦將不斷湧現，使人樂於其中。透過太極拳之鍛鍊，得窺太極拳流動之生命力與豐富內蘊，於動靜之中找到平衡與和諧力量，朝向吾人與天地合之境界，人們身心將更加向上提昇，人生亦隨之而更加美好。

洪允和【拳理萃真】

四、一心守定中

一心守定中，為　潘師所傳拳學心法之四「抱元守中」之發揮。此心法，提醒吾人練拳時，對於發之於心，行之於意之形與氣，皆能守其中。於形之部分，使全身各部，保持平衡，並能重心穩定，不偏不倚而得中正。於氣之部分，使人身原來之元氣，以意行之，並能不剛不柔，無過不及而得中氣。故一心守定中，是要求一切動作，於形、氣、意、心皆能渾然天成，處處合於規矩，而又不泥於規矩。以下分述之：

（一）形

演練拳架之身法，一般之所遵循者，為武禹襄著述中所列之身法八項，即含胸、拔背、裹臀、護肫、提頂、吊膽、騰挪、閃戰等八項。此八項身法，果能遵照規矩，做到虛靈內含，不偏不倚，漸而自然順暢，而合於規矩，並能與呼吸相結合，則可活動自如，毫無窒礙，身形可處處得其中正。其中騰挪與閃戰為身法之總法，也是技擊攻守之心法。但欲做到騰挪與閃戰，先要做好含胸與拔背，裹臀與護肫，提頂與吊膽三對身法，否則就不能發揮效能。故身法八項須相互運用，才能發揮最大之功能。

（二）氣

練拳熟練之後，要使呼吸與動作相配合。姿勢動作之外開者配合呼氣，內合者則配合吸氣。橫膈膜隨呼吸之呼氣與吸氣，而不斷上下起伏，內臟亦產生輕微之按摩運動，此活潑了內臟，亦加強了氣血之循環。待拳套更趨熟練時，動作之速度，亦可緩急隨意，呼吸能和順暢通，呼吸與動作已能自然配合，不剛不柔，無過不及而得中氣。

(三)意

　　打拳時任一動作，即使再細微，亦須經由腦之想像，用意指揮。包含以心行氣之氣，運動行經之徑，手足使用之力，均隨意而行。陳鑫：「心如將軍，氣如兵；將軍一出令，則士卒皆聽命。」而心與氣之間，居此傳令之職者，則為意。練拳須正心誠意，摒除雜念，專心一志，意不外馳，則心自靜，心靜，乃能空闊而心正，心正，而神氣自生。

(四)心

　　打拳時心中能敬能靜，自然心意虛，而全體皆虛；摒除雜念，耳如不聞，視而不見。使神氣和順，毫不緊張，無思無慮，動作安適自然，至此則可臻陳鑫所謂先天慧神之境界。陳鑫謂：「學拳者以後天人心有知之識神，習其姿勢規矩，久練純熟，而先天道心不知之慧神發矣。」先以後天識神依規矩鍛鍊，功久先天慧神自發，即所謂階及虛空昇華境界，到此境界之發心，則已入一心守定中之境。

五、太極拳之內動

太極拳之內動是指人體內氣之動，亦即內勁之動。陳鑫謂：「外之所形，莫非內之所發。」陳發科亦謂：「內不動，外不發。」即明示身之內裡與外形之關聯性，而內動之重要性，更是不言而喻。故練拳時應如何留意身體內勁之動，使能與外在肢體之動相互引發，相互為用，以達內外合一，實為太極進階之重要歷程。太極拳之內動，以昔日　潘師所授，可依下述三點分別掌握之：

（一）內勁運行之輕與沉

內勁為內裡之勁，拳勢運行時意行氣隨，氣至勁發。其氣為發於丹田，能內入於骨縫，外達於肌膚，最後並復歸於丹田。鍛鍊時，內勁之掌握有輕與沉。先求身之輕靈，每一動作，順其自然，將皮膚、肌肉、骨節等處處鬆開；不可用力與使氣，使身體各部，毫無拙力與僵力，確實達到輕靈之要求。繼而於每着停勢時，於輕靈中用意，微微貫勁，而得其沉著。此沉著須純出乎自然，亦不可用力與使氣。如此即漸能掌握內勁運行之輕與沉，並能與外在肢體之虛實配合，使周身動作極為輕靈，而又極為穩重。

（二）腹部橫膈膜之升與降

橫膈膜為一層骨骼肌薄膜，將胸腔與腹腔相分隔，並延展及肋骨之底部，可助氣體交換。練拳進入腹部呼吸時，能使腰肌及腹肌產生鬆緊現象，腹部橫膈膜自能隨呼吸而升降。吸氣時，以鼻緩緩吸氣，用意導氣，使有氣體下行之感，並徐徐送入腹部臍下，此時橫膈膜自然上升，小腹亦自然微向內收。吐氣時，緩緩以鼻呼氣，仍然用意導氣，橫膈膜自然下降，小腹自然微凸，而覺飽滿。由於橫膈膜之不斷升降起伏，內臟亦產生輕微按摩運動，因而活潑內臟，加強氣血之循環。腹部橫膈膜之升降，須與呼吸自然配合，日復一日，使之成為習

慣，於不知不覺中，自能氣由丹田出入，且內氣日漸充滿。

（三）纏絲勁運行之出與入

　　纏絲勁是指運勁螺旋，纏繞運轉。拳勢運行中，經由肢體動作之螺旋運轉，可促使全身各處，貫串地前後推動，體內血氣出入於淺層皮膚，與深層骨髓間之表裏各處，暢通全身脈絡。鍛鍊時，纏絲勁之掌握有出與入。配合腰脊為運動軸心，以纏絲勁連接拳勢之屈伸動作，使全身節節貫串，並以之螺旋進退。當外形為開時，配合纏絲勁之順纏，由丹田向外達於四梢；當外形為合時，配合纏絲勁之逆纏，由四梢往內歸於丹田。此纏絲勁運行之出入，須以內勁為其統馭，惟具充沛之內勁，纏絲勁始能發揮最佳功效。以其動作之螺旋圓轉，外練形式，內養中氣。運用時並能發揮捲放、蓄發，與走粘之作用。

六、太極拳之養生

活得健康是現代人之終身追求，各人之養生方式，視其習慣、環境、因緣等因素而各不相同，舉凡食物、穿戴、環境、活動、修習、心境等各面向，均可從中得到養生之效果。現以健康之角度為導向，加以論說，或能幫助一般大眾對於太極拳多些理解，若能實際應用於日常生活中，將有助於身心健康之向上提昇，領略在活得健康下，所帶來生命之喜悅。

太極拳之所以能達到養生之功效，即在於練習拳架動作時，發揮太極拳動作本身之特點，使達到身心空鬆，及周身纏繞之狀態。因於此狀態下，可產生極佳之運動效果，達到運動全身之養生目的，現分述如下：

（一）身心空鬆

身心空鬆包括生理上全身肌肉、皮膚、關節等身體之組成，心理上所有辨識外界訊息之意識，與個體知覺狀態之情緒等，都須完全放下鬆透。果真如此，自會產生一股往上騰升之清氣，使人感覺神清氣爽。

平時運動，亦須於全身不多著力之情況下，達到鬆淨之要求。鬆之過程中，須注意全身所有關節、肌肉、皮膚之一起鬆開。而心理上對於外界反應之知覺狀態，與內心各種情緒之放下鬆透，則有賴於意之鍛鍊。

（二）周身纏繞

運動時，須以腰脊為運動軸心，引導身體各部位做到一動無有不動，一靜無有不靜之整體性要求，並以輕靈之柔勁，配合螺旋運動之纏絲勁，帶動四肢，順著各個關節纏繞運轉。

纏絲勁為陳氏太極拳之特點，為拳術運行之過程中，身體各部接

連之螺旋運轉曲線。因動作之螺旋運轉，可使全身各處得到全面之運動效果，由淺層之皮膚，至深層之肌肉、骨節與器官等，使全身各部均得到運動之最佳效果，並達到活得健康之養生目的。

洪允和【拳理萃真】

七、立如秤準

「秤」為衡量物體輕重之工具。「準」是可作為法則之標準。「秤準」既欲為他物衡量之標準，本身之結構，自然須平衡而穩定。立如秤準之於拳術，即是要求練拳須立身中正。欲達到練拳之立身中正，實際之操練方法有二，分述於下：

（一）虛領頂勁

是以意將頭頂之百會穴虛虛領起，並與襠部之會陰穴上下對準為一條線。虛領並非用力之去領，而是為意念之到達，除維持身體中正之作用外，亦能將精神提起。

（二）氣沉丹田

是將內氣沉至肚臍下方之丹田。欲至此，身體其他部位，亦須同時配合，做到鬆沉與對正，始能使氣沉至丹田。故拳術中要求之沉肩墜肘、含胸拔背，及塌腰落胯等，亦須完全顧及之。能做到氣沉丹田，丹田處自然覺得充實飽滿，精神奕奕，同時重心下降，身軀更為穩定。

上虛下實，為維持身體平衡非常重要之準則。除頂勁之虛領，亦須注意心氣之下沉，但若僅僅要求頭頂百會穴，與襠部會陰穴為一條線，並不足以完全達到真正之穩定。此條以意念想像向下之直線，必須為垂直向下，且須有足夠之重力，才具穩定之效果。倘若重力不夠，不能持續維持垂直，必會因所偏移之角度，使身體產生不穩定。故虛領頂勁固然重要，氣沉丹田之使重心下降，亦自不可或缺。

八、發勢之權衡

發，相對於蓄，是勁顯露於外之現象，要發勁發得透而乾脆，就先要蓄勁蓄得足而巧妙；意即發勁之具備條件，是先學柔化，於練習柔化過程中，具備蓄勁條件後，再求發勁。

發勁亦是由意而始，卻是捨己從人，順勢而為之。須沉著鬆淨，專主一方，且能順乎力之本性直使前進，不以已達敵身為其止境。意念集中而長遠，勁起於腳根，配合呼氣之半吐半沉狀態，則勁能連續發放，滔滔不絕，勁達四梢。其運勁過程是由化而發，速度上是由慢而漸快，而至極快；質量上是由柔而漸剛，纏絲是由小圈而開展為大圈。

發勢之權衡，在於將已蓄好之勁，由捲緊轉變為開放之過程中，骨節鬆開，並時時虛虛對準，做到全身節節貫串，達到勁整而靈活之地步。拳式中發勢須具備之條件，分述於下：

（一）身

背部須平直端正，撐腰扣膀。發勁時，以腰脊帶動四肢，配合腰膀部之變換，全身沉著鬆淨，而將勁直射出去。

（二）手

手臂不著絲毫之拙力，於撐腰扣膀之同時完全放出，並使意勁貫足於指尖。

（三）足

發勁時勁達四梢，足跟不可掀起。

九、蓄勢之權衡

蓄勢之權衡，在於不可過與不及。四肢之關節，須曲而不直，不能挺直及彆扭，依五弓之說，一動勢即應五弓俱備，勁可曲蓄而有餘，形成曲中求直，蓄而後發之勢。

陳鑫：「如攬扎衣，右手從左腋前起端，手背朝上，手指朝下，先轉一小圈，從下斜而上行，過上星神庭前，越右耳外，徐徐運行，胳膊展到八九分，不可滿足，滿則應用時必致招損，手與肩平，此是順轉圈，用纏絲勁，由腋自內往外，斜纏到指，不可後擘，擘則無力，不可太彎，彎亦無力，必得不偏不倚之方佳。」

陳鑫之解說攬扎衣式，胳膊之伸展，謂僅展到八九分，不可滿足，滿則應用時必致招損；而手之纏絲勁，由腋自內往外，斜纏到指，不可後擘，擘則無力，不可太彎，彎亦無力，必得不偏不倚之方佳。文中謂不偏不倚，亦即恰到好處，無過與不及。拳式之中，始終權衡動作之陰陽開合虛實，以達太極之理，故曰拳者，權也。拳式中蓄勢須具備之條件，分述如下：

（一）身

須含胸拔背，塌腰合膞。含胸拔背為放人發勁之蓄勢；如不含胸拔背，則力不由出。各勢之成時，塌腰合膞者為蓄勁。一股虛靈之勁，預蓄其中。

（二）手

手臂微向前合，要微曲不直。肘不可僵直，僵直則轉關不靈；亦不可太曲，太曲為不及，不及則失掤勁。

（三）足

膝須曲，膝之前進後退均走弧線，絕不直往直來，動作靈活而富
於彈性。

十、手部之纏絲

　　陳氏太極拳之核心為纏絲勁，即指拳勢動作中運勁為螺旋形，故於運行中之手形，有別於一般拳術。其形狀是以中指為中心，餘四指輕輕併攏微彎，分列於中指兩側，因勁之收放，四指會往掌心或掌背方向展伸。逆纏時，無名指與小指往掌背方向旋轉，指端並微向後彎，順纏時，則朝掌心方向旋轉，並形成窩形掌，此皆為纏絲勁之故。

　　纏絲勁是指運勁時，肢體之動作均呈螺旋形，綿綿不斷地運轉。配合纏絲勁之運轉，動作過程，不僅為單純之氣沈丹田，並有丹田內轉之作用，使動作之緩急與呼吸不同強度之起伏相為配合。

　　纏絲勁於拳術之運用，為發與化。其因為運勁時之旋轉纏繞，使肌膚骨節更加堅實，韌度更高，故能剛發。當遇有敵力，亦可於纏繞之中，化解對方來力，同時尋得我順人背之勢。纏絲勁之發揮，端賴螺旋之鬆緊度與延續性，以及是否具備充沛之內勁而定。惟有於正確之理法之下，多加鍛鍊，使所有拳理貫注於拳法之中，才能完全發揮其效。

　　纏絲之手形，須習拳日久，且用意為之而得，不可用力強為運作。其練法，以手部之中指為軸，於腰轉之同時，隨之為順纏或逆纏。平日即令中指與其餘各指產生良好之互動，走架時雖僅注意到中指，餘四指即可因平日相互所建立之連繫，而自然形成纏絲之手形，如此則可縮短成形時間，使手部之纏絲，積習於生活之中，能早日與全身之纏絲相結合，達成勁能形於手指之目標。

十一、受制者肘

　　肘，是指上臂與前臂連接之關節。拳勢中不乏以肘擊人之法，如撇身捶、腰攔肘、左二肱等，凡迫近對方時，均可用肘法，惟肘法容易傷人，非必要時不可輕用。應用於捨己從人過程中，亦可運用肘部以上，引之使進，肘部以下，我勁往前之半引半進法。

　　練拳之目的，在於使全身均貫串而相連，每一部位均受制於整個身體之活動趨勢，尤其手部受制於鎖骨之牽制，故在拳架中肘部之動作不可主動，須在整個手臂活動中，決定其方向與位置，故肘隱含著被動之特質。

　　太極拳之拳勢中，肘始終微曲，而有下墜之勁。肘部下沉，使兩脅不露空，可保護肋部，但又不可貼近肋骨，而致失去掤勁，故肘與上臂及前臂之連接，要注意圓之維持。

　　肘在拳勢動作中，亦要能鬆能活，在每一動作中，隨腰之公轉運行，尚須表現出自轉之肘圈，但先決條件是肩關節須先開，肘關節才能隨之而開，其餘上肢肌骨亦不受牽掣，而活動靈活，故須特別注意肩關節之鬆開。沉肩與墜肘為相輔相成，能沉肩墜肘，則胸部必不致緊張，可使心氣下降，氣易於沉入丹田，並可曲蓄勁力，伺機以為發勁之用。

　　定式時，配合周身之合勁，兩肘在前後、左右、上下要互相合住勁，肘尖亦要與膝蓋上下呼應，才能達到陳鑫所謂之：「周身一齊合到一塊，神氣不散，方能一氣流通，衞護周身。」

洪先和【拳理萃真】

十二、被動者膝

　　膝，是指大腿與小腿相連之關節。而連接膝與胯之肌肉，大多橫跨著此兩關節，故膝關節之活動範圍與穩定程度亦與胯關節有極大之關聯。足部離地時，胯關節之位置將決定膝關節之活動範圍，而於足部踏緊地面時，胯關節及踝關節將決定膝關節之活動範圍。故拳架中膝部之動作，由腰胯發動之後，須由腰胯決定其方向與位置，意謂著膝之被動特質，故膝無論在邁步或定式時，均須遵守其從動腳色之分際。膝關節是做到由腳而腿而腰，完整一氣之關鍵所在，故膝之鍛鍊在於靈活，且富於彈性。膝於拳式中之動作，依動步與定式時之情況分別說明：

（一）動步

1. 前進時，先提大腿，以膝帶起足根，足尖斜向下垂，再由屈而伸，緩緩邁出，足尖由下垂漸漸為上翹，以足跟內側著地，再而足掌、足趾依次著地，前足足尖正直微微內扣，全面落實。後足亦隨動作將足尖轉正，兩足同時內扣，一齊合住。

2. 後退時，先提大腿，亦要以膝帶起足跟，足尖斜向下垂，再緩緩後伸，先輕落大趾尖，再而足掌與足跟落地，後足足尖正直微微內扣，全面落實。前足亦隨動作將足尖轉正，兩足同時內扣，一齊合住。

3. 左右出步，有似前進時之動作，以足跟內側著地，再而足掌、足趾依次著地，亦有以足尖著地，再而足掌與足跟著地。出勁時多以足跟先著地，而目的在快速與變換靈活時，則以足尖先著地。

（二）定式

　　須注意兩膝前後或左右，互相呼應，配合著胯根撐開撐圓，把膕勁合住。前弓步之膝關節略為向前，以越出小腿之垂直線，而不超出足尖為度。後蹬之腿不能用力挺直，且以自然為佳。

洪允和【拳理萃真】

十三、落胯出腳

胯，指腰與大腿相連之部位。屬人體身上之大關節，在大腿根處。人體之兩胯與兩肩構成身體主要之軀幹部，並成為外視身體有否中正之明顯指標。胯關節之能否鬆開，關係到下肢部其餘關節之能否鬆開，亦關係到臗部之能否圓臗，以及腰腿之能否靈活，對於身體之穩定與調整重心，具有相當大之作用。

拳勢中，每經過一個轉折，必是腰先往下沉，再轉動身體至下一個方位。而此沉腰過程中，自然會使胯隨之往下落。沉腰落胯之深淺，形成拳式中之高、中、低架子。通常初學時，腿部肌力不夠，會站得較高，採高架子。練拳日久，腿部肌力漸強，對腰、胯、臗之掌握度增加，或欲加大運動量時，練拳可採中架子或低架子，但總以個人之適當為宜，不可勉強。

沉腰落胯時，首先要求立身中正。而身往下落之程度，則視胯根撐開之深淺而定。胯根開得淺，則胯落得淺；胯根開得深，則胯落得深。對胯而言，不論實足之胯落深淺，均可出腳。落得淺時，虛足可即時邁出，重心較高，兩足距離較小，並不費力；落得深時，虛足會形成剷步而出，重心較低，兩足距離加大，較為吃力。於拳架中，此兩種表現方式均可，僅架子表現之高低不同而已。以演手肱拳之震腳為例，初學者仍在學習階段，故胯自然落得淺，當右足震腳時，左足即可往左斜方跨出；而較為資深者，因胯落得深，震腳後，實足可再往下落，而虛足則以剷步方式，完成出腳動作。

十四、氣貫足趾

　　陳氏太極拳之練法，定式時，兩足應緊踏著地，不但足跟不可掀起，足趾亦須緊抓著地。陳鑫說明「單鞭」式時，亦提醒左足五趾要用力抓地，大拇趾尤得用力，此並呼應其說明纏絲勁之運行，謂丹田氣之下行氣，是由骨縫中貫至左右足趾之語。其中之關連，在於五趾要用力抓地，並非單純以足趾頭用力而得，而是經由纏絲勁運行，使勁透達於兩足趾尖，所獲致之結果。當然其中另須加上意念之鬆沈，及其他部位動作之配合，始能達到「兩足定根基」之目的。

　　五趾用力抓地之目的，主要是在增強兩足之定力，及足趾、足踝之鍛鍊，使下盤穩固，並增強足部之彈性，全身可更加靈活。而欲達成此目的，須做好兩足之鈎勁。

　　鈎勁之呈現，是兩足尖平行，正直微向內扣。故不論是平行之平步、馬步，或是前後及左右之弓步，只要兩足尖平行，正直微向內扣，就有了鈎勁。兩足有了鈎勁合住，下部自然就根基穩固。動作上要注意的是，轉動時應以足跟為樞紐，足跟之擰轉有如螺絲釘，足尖之旋轉則似時針，均貼著地面旋轉，以增加身體之穩定度。

　　演法上，除了五趾不可用肌力之拙力外，縱然已做到用好之力抓地，仍須注意到雙足須分清虛實，否則形成雙重，動作無法靈活運轉，運用上亦無法騰挪閃戰。另於五趾抓地之同時，須做到虛領頂勁，頂勁領得太過，則全身氣皆在上面，足底不穩；領得不及，則氣留胸中，足底亦是不穩，因此頂勁之虛領至為重要。

洪允和【拳理萃真】

十五、腰勁之解析

言腰之重要性，太極拳十三勢行功心解有：「腰為纛」、「腰若車軸」之語。 潘師謂：「腰部是人體上下部之樞紐，是太極拳動作總虛實所在，全身大圓圈之中心，是人身最重要之關節。」腰之運用得宜時，可使全身上下節節貫串，周身力量集中於一點，而產生極大之作用。

太極拳法之於人，全身有大開合、大圓圈，肢體各部又有其各自之小開合、小圓圈，而腰即為此全身大開合之起點，大圓圈之中心。太極拳又有無數之圈，其大圈之內有小圈，小圈之外有大圈，圈內有圈，圈外有圈。聯貫變化，運用神妙，其關鍵均在腰。太極拳講究用意，而每一動作用意之起始亦是為腰。以下分別說明腰之重要性：

（一）全身開合之起點

太極拳為圓圈之作用，腰即為全身大開合之起點，大圓圈之中心。身體之運轉，每一動作，均以腰之大開合、大圓圈為起始，再化而為無數身體各部之小開合、小圓圈。動之則為開，為大，靜之則為合，為小。

（二）全身上下之樞紐

腰部為人身上下體轉動之關鍵。每一動作由腰部發動起，四肢及身體各部隨之，可調節全身上下動作時之變化，使身形平衡穩定。

（三）全身勁力之貫串

拳勢動作，以纏絲勁之節節貫串運動，促使勁力達肢體各部，而產生莫大之威力，其端賴腰部與膕部之變換，始能將全身之勁力充分發揮。如柔化時之活腰鬆膕，發勁時之擰腰扣膕，與蓄勁時之塌腰合膕。

太極拳對腰部之要求為靈、塌、直，即靈活、下塌與直豎，具此條件下轉動腰胯，可帶動內氣與四肢，其如車輪般之直豎與穩定圓轉。腰部靈活，則勁可鬆，要點在於使身體不僵硬。靈活時虛實才能變換，各關節自然放鬆貫串全身上下，使操縱運轉自如，能勁整而平衡。腰勁下塌，則氣可沈，要點在於使內氣不上浮。勁塌時內氣才能下沉，臍下小腹須有內氣往下沉之想像，使小腹充實圓滿，能氣沉至丹田。腰部直豎，則身可正，要點在於使命門不內凹。直豎時身體才能中正，百會至會陰要有上下一條線之想像，使身體上下對正，能中正而穩定。

腰勁之鍛鍊，平時即可加之以意，使腰部貫串全身，成為一相連之螺旋體。拳勢動作中，不論左旋右轉，均須於自然之情況下，維持腰部之靈活與塌直，配合脊骨之節節對準，同時帶動身體四肢，作螺旋形纏絲之伸縮，而形成太極拳運行之外開與內合。若遇外力，則即以腰脊帶頭，依對方之來勢而以纏絲勁導之，使之捲進我之螺旋之中，則一切可操之在我。

洪允和【拳理萃真】

十六、勢法之解析

以上步七星之勢法，解析拳中要義。上步七星之名稱，因其動作，為右足虛點於前，兩手交叉於胸，手足形象七星而得。其動作前之預備式為身腰下蹲成仆步，身朝右前方，右拳領於頭部斜上方，左拳則置於左大腿之內側。動作開始，以兩手領全身前起，重心偏於左腳，右腳向前半步，虛點於地，右拳向前，從左拳腕下向上擊出，兩拳相交向內而外旋轉變掌，仍相交置於胸前。動作分動與重點分述於下：

（一）身腰上拔

左足尖著勁下壓，臀部自然騰起。
1. 左手之勁用意往前，拳面朝前，不可向下。
2. 肩胯之動向一致，胯轉即肩轉。
3. 肩部須鬆沈，不可著力。
4. 臀部騰起時，右足足尖往左內扣。
5. 後足下蹬，借地之力，使重心前移，膝蓋不可主動移位，以免受傷。
6. 意念相連不斷。

（二）兩拳交叉

身腰往前，左足足尖往左外開至七點半方向，重心落於左足，右足向前，虛點於右前方。同時，左拳逆纏向前，右拳下落，經左腕下方，向前與左拳交叉。左拳在內，右拳在外。
1. 順腰往前之勢，左足足尖往左外開，右足向前半步，虛點於左足前。
2. 用勁時，借地之力往上往前，不得用腿部肌肉力量。
3. 眼神往前。

4. 胯走下弧。

5. 兩拳前伸交叉，腕部須緊貼。

6. 以脊為中心，右手實，左手虛。

7. 腰如車軸，內氣與四肢似車輪，往前旋轉。

（三）逆纏向內

身腰下坐，兩拳交叉，逆纏轉向內。

1. 兩手雙逆往裡轉圈，須維持身體之掤勁。

2. 此為鬆勁，兩手輕貼。

（四）鬆開變掌

兩拳繼續纏繞，逆纏轉向外，待右拳轉出，兩拳遂即變掌，交叉於胸前。

1. 兩手雙逆往外轉圈，須維持身體之掤勁。

2. 右拳出勁轉出，兩拳遂即鬆開變掌，交叉於胸前。

3. 右拳變掌之過程，勁仍持續外開，不可間斷。

4. 兩拳之纏轉，應隨腰胯而動。

十七、拳之定式

拳勢之完成為定式，定式時可藉以檢視拳勢，並涵養其氣，可謂重要。而定式時雖外面迹象已停，但內裡則氣機充沛，虛靈之勁預蓄其中，並不呆滯，下勢之機已躍躍欲動，上勢與下勢之間，中無隔閡，一氣流行，等待其動。定式時，外形及內勁均有其注意之點，分述如下：

（一）外形要求

其要者為立身中正，將頂勁虛領，眼往前視，身體各處之骨節對正，尤其是兩胯及兩肩之相互對正，將使整個身體之結構支撐完整，再輔以身體各部之左右對稱、上下對齊等諸項要點，提供暢通無礙之氣路，以供內勁之運行。

（二）內勁強度

則須在全身放鬆，且骨節對正之要求下，再施以合勁之功夫。所謂合勁尤貴於合之以神，非徒合之以勢，將脊骨左右各部對稱，並往內合住。陳鑫謂：「頭直，眼平視，肩與肩合，肘與肘合，手與手合，大腿根與大腿根合，膝與膝合，足與足合，平心靜氣，說合上下一齊合住，氣歸丹田。」合之過程中，須往內收斂，並凝聚身體之強度，並能以意貫住於四梢。

如此，在外形要求整體結構完整之情形下，再加強內勁之強度，自能內外相合而為一。定式時之呼吸狀態為吐氣，將外氣儘量地呼出，必令呼氣呼盡，使周身肌膚骨節全然放鬆，感覺氣血流暢，同時覺得丹田部分漸漸充實，使氣沉入丹田。陳鑫：「至於中氣歸丹田之說，不必執泥，但使氣降於臍下小腹而已。」此時為養氣之最佳時機，於氣機運行通暢良好之餘，將氣歸納於丹田，使小腹氣息飽滿，

並有膨脹充實之感。此時不急於變勢，必待氣感十分充足，始接下勢
動作。

洪允和【拳理萃真】

十八、論剛柔

太極拳外形拳勢中，對於質之表現形態，是為剛與柔。但剛不是用力使氣，是一股太和元氣之剛。柔亦不是軟塌萎縮，是像風吹楊柳般毫無滯機之柔。在陳氏太極拳中，以纏絲勁對於剛柔之詮釋是為：纏絲纏緊時為剛，纏絲鬆開時為柔。但須注意者，所有動作中，不論剛與柔都須包含著一種彈性和韌性之力量，亦即均須有掤勁。在剛柔之互變上，是自然地轉緊而入於剛，以及自然地鬆開而入於柔，而非純然以用力與無力可解釋之。其間，剛柔最重要之控制關鍵，即是吾人須臾不離之意。

拳勢中表現之剛與柔並非絕對，是依比例分配上之多寡而定；故剛非純剛，僅是代表其中剛多柔少，而柔亦非純柔，亦僅是代表其中剛少柔多。故太極拳為剛中有柔，柔中有剛之拳法，若偏剛或偏柔，則不能相濟，即非太極。所謂純陰無陽是軟手，純陽無陰是硬手，惟有五陰並五陽，陰陽無偏稱妙手。陳鑫謂：「用剛不可無柔，無柔則環繞不速；用柔不可無剛，無剛則催迫不捷。」

剛柔於走架之要義，是柔行氣，剛落點。於開合轉換過程中，為神氣鼓蕩與圓活轉換之過程，宜用柔法；而於開合轉換過程中運勁之落點，則須表現剛勁；至於臨敵之運用，是運化用柔，發放用剛。柔化時仍為活腰鬆膪；而剛發時則為擰腰扣膪。所有運用之法，全視來勢之剛柔而定，敵以剛來，我以柔克之；敵以柔來，我亦須以柔引之，柔化過程中，以纏絲勁纏繞運轉，綿延不絕，引敵勁至落空處，使敵失機失勢，而我則於得機得勢之同時，蓄勢完整而發之。

十九、掤勁之剛

陳氏太極拳發勁時，往往由於外觀之威猛，而使觀者誤以為其極為用力，其實不然。太極之剛，是因肌膚骨節纏緊所形成之剛，意即是由掤勁所表現於外顯現之剛。

掤勁為身體彈性及韌性之力量，是一種張力之表現。當身體之彈性及韌性力量愈大，其掤勁也愈強，而身體彈性與韌性之產生，實由於纏絲勁之作用，在練拳過程中，若能做好纏絲勁，自然可產生強韌之掤勁，同時，可產生極大之剛勁。

纏絲勁是陳氏太極拳之核心，外以練架，內以養氣。在拳架演練中，纏絲勁以弧形及螺旋式之着法運勁，不但具空間扭轉所產生離心之力，更有螺旋伸展之作用。每一動作，除走弧線之圓形，四肢及身體各部均似螺絲般旋轉，由腰部發動起，順著各關節旋轉，連同肌肉轉動，由內而外纏繞，至於四梢，並隨著動作之運行，由外而內纏繞，而歸於丹田。過程中，須節節貫串而周身一家。

欲加強掤勁，即須深入了解，並遵循纏絲勁特有之運轉方式，使能於演架中，達到將身肢放長之目的，而在纏絲勁不斷將肌肉放長與回縮之過程中，肌肉將鍛鍊得更有彈性，也更強化了掤勁所具之剛勁。

至於身肢放長之法，不外乎拳理中所言之虛領頂勁與氣沉丹田、含胸拔背、沉肩墜肘與開胯屈膝等各部之活動，此皆為須明白之拳理，故言順乎規矩，必先明乎規矩，始能化乎規矩，終而神乎規矩。

拳理為歷代前輩心血之結晶，吾輩自當遵循，故學拳先學讀書，了然於理，學拳之中，以理宰之，以氣行之，自可收事半功倍之效。

二十、掤勁之柔

太極拳為依據太極陰陽而演變之拳法，故太極拳亦具有陰陽相生，剛柔相濟之本質。陳氏太極拳之剛，是因肌膚骨節纏緊所形成之剛；而陳氏太極拳之柔，則為肌膚骨節纏緊之後，自然鬆開回復之柔，但柔不是癱軟無力，而是至和至順毫無滯機之柔，是具有掤勁之柔。

拳術中拳式之動作，除了運勁落點為剛之外，其餘一切開合轉換過程，均應為柔勁，即所謂之「柔行氣，剛落點。」故對於柔勁之鍛鍊自當多加注意。太極拳柔勁之鍛鍊，其要求為柔與活。柔是柔和，須著意於全身肌膚骨節之放鬆；活為靈活，則在意於每個關節須用意去虛領。鍛鍊之過程，先得要化去身上原有之僵勁。在拳式運勁中，放鬆全身肌膚骨節，以具有意識之最小之力，去舉起或運動四肢，使在運勁時，能毫不產生拙力以及僵力，而漸達到柔之階段。此階段，再經過一段時間之鍛鍊，並注意加強各個關節，在身形轉動時之靈活度，將使拳式動作漸為和順協調，手足屈伸亦更運轉自如，所有動作均能節節柔和地貫串相連，慢慢產生一種極輕靈而又沉著，含有彈性及韌性力量之柔勁。

至於柔勁時之速度，相對於剛勁時為慢，即練拳時遇到轉關摺疊處為柔，要慢；過了轉關後，要漸漸加快，到盡頭落點處為剛，要快，過了落點後再轉為慢。

二十一、內勁之圓

內勁之圓，為內勁虛實轉換，均為弧形銜接之圓。太極拳論云：「一處自有一處虛實，處處總此一虛實。」換言之，即一處自有一處開合，處處總此一開合；或言一處自有一處圓圈，處處總此一圓圈。潘師：「太極拳每一動作中，含有無數圓圈。各個圓圈中均有開合，均有虛實。全身為一大開合，大虛實；局部為無數之小開合，小虛實，合而為一整體。如此則虛中有實，實中有虛，虛實相互結合，保持平衡，故能支撐八面，運轉自如。」

全身為一大開合，大虛實；局部為無數之小開合，小虛實。腰即為此大開合之圓心，引導全身大開合之運動，並帶領四肢與身體各部小開合之旋轉。隨練拳之日久功深，拳勢中之圓，能由初始之大圈收至小圈，甚而由小圈收至無圈，但總以內勁為其統馭。而內勁之虛實轉換，要求圓順，故內勁為圓，此圓即為內勁之圓，其內涵則為吾人入於骨中，充於肌膚之內氣。內勁之圓特性，分述於下：

（一）氣行自然

內氣之於行，是發之於心，行之以意，並配合呼吸，是人身經絡中通行之氣。此氣以求不偏不倚，無過無不及之中氣為首要。陳鑫謂：「一拂氣之自然，參以橫氣，則生硬橫中，勢難圓轉自如。」鍛鍊日久，漸而每一動作，只要意到，氣亦隨之而到。

（二）變換無端

太極拳每一動作中，均含有無數之圓。此無數之圓，或大或小，或正或斜，變換無端，完全依來勢與我之心意而變，心要維持虛靈，意欲大之則大之；意欲小之則小之。習須循規矩，用則無定法，因來勢而變化。

洪允和【拳理萃真】

（三）呈螺旋形

陳鑫謂：「外之所形，莫非內之所發。」每一動作，於立身中正之前提下，以腰為中心，無論前進後退，均走螺旋形之弧線，綿綿不斷地運轉，形成螺旋形之伸長與收縮。此內氣之運行，同為螺旋形，此即形於肌膚，纏繞運行之纏絲勁。

（四）出入丹田

勁是發自丹田，亦收歸丹田。陳鑫：「周身之勁往外發者，皆發於丹田；向裏收者，皆收於丹田，然皆以心宰之，處處皆見太和元氣氣象。」勁之出入丹田，鍛鍊日久，自能用意歛氣入脊骨，由尾閭從丹田往上翻之，運於全身。

211

【第六章】允軒拳話

二十二、五弓之說

弓，用以發射箭矢或彈丸之器具，多由彎成弧形之木條繫上弦線而成。弓把是弓身正中手把握處，弓梢是弓身之兩端。陳氏太極拳有五弓之說，是取其弓之形與張力之結構，五弓是身弓一、手弓二、足弓二，合為五弓。身弓以腰為弓把，闇門與尾閭骨為弓梢；手弓以肘為弓把，手腕與鎖骨為弓梢；足弓以膝為弓把，胯骨與足跟為弓梢。「一身備五弓」，即是要將身上之五弓備好，亦即將身上之圓作好，包括手弓時，手肘不能打直，足弓時，膝蓋不能打直，身弓時，胸背不能挺直，此為練拳時須注意之處。

拳勢中若能做到一身備五弓，時時五弓合一，則可顯現靜如山岳，動若江河之氣勢。顧留馨謂：「每站一勢，須檢查五弓是否俱備，五弓是否合一，是否形成既能八面支撐，又能八面轉換之蓄勢。八面支撐是穩固厚重，八面轉換是旋動靈活。」因若身形直而不圓，無弓般之圓弧形狀，則亦失去身上之掤勁，難於蓄勁與發勁。

弓把位於兩弓梢之間，為弓身之手把握之處。於弓而言，為較便於拉伸與回縮之處，能使弓產生活動而生效益，弓把外之其餘位置，均較難於拉伸與變動其位。腰為身弓之弓把，亦同此理。身弓之蓄發時，須以腰為拉伸與回縮之處，否則身形不惟變動不易，且易失去中正。鍛鍊時，則以腰部活動靈活，並使之富於彈性為目標。如此可加強其弓之效用。

身弓之重要性如下：

（一）力由脊發

發勁時全身放鬆，胸部微向內含，背部肌肉往下鬆沉，於兩肩中間之脊骨成鼓起上拔之蓄勢，再配合腰膔部之變換，即可往前發勁。

（二）勁力貫串

腰部為人身上下體轉動之關鍵，以內外相合之貫串運動，促使勁力達肢體各部，並將全身上下貫串，充分發揮勁力。

二十三、得機得勢

　　得機，指與人交手時，得以發勁之時機。得勢，指與人交手時，尋得我順人背之態勢。

　　與人交手，須求我之得機得勢，二者同時具備，始能發勁發的乾脆。發勁是由意而始，卻是捨己從人，順勢而為之，使彼方不及走化而跌出。

　　太極拳每一動作中，含有無數圓圈，各個圓圈中均有開合，均有虛實。吾人即是運用無數不同直徑，不同方位之圓圈，因應各種不同方向之來力。任何力量到我圓圈之表面，只須稍稍轉動，即可使此力量沿著圓圈之切線方向，偏離其原來之軌道，使力量產生偏斜，而變成無效之力。此時，我則同時尋得我順人背之方位，並俟機而發。此為纏絲勁之妙，於走化之中，即能同時尋得發放之機。以下說明得勢與得機之運用，與走架之重點，分述於下：

（一）得勢

　　其運用重點，以聽勁清楚彼方往我前來之勁路，於不斷順隨彼方中取得順勢，並令彼方轉為逆勢，故謂：得勢爭來脈。走架重點，則為起勢時，一起勢便須起得好，依循拳勢練法之要求，辨明各着中之起承轉合，並能貫串着與着之接連。陳鑫謂：「打拳全在起勢，一起得勢，以下無不得勢。」

（二）得機

　　其運用重點，以聽勁順隨彼方之勁路，於彼方有空隙之瞬息，出奇制勝，立即轉換成我得勢之態勢，故謂：出奇在轉關。走架重點，則為纏絲勁之運轉，須運勁綿延而意不斷，心靜和順而心不慌。如此方能聽勁清楚而轉換靈活。陳鑫謂：「虛籠詐誘，只為一轉。」

二十四、太極生活化

（一）迎向光明

練拳時，心情是沉靜的，心境是安定的。此中之氛圍，因練拳而與時俱進，而漸入我心。拳在我心，我心中天機流動，遇有繁瑣，可將不安心境，轉換成平日練拳之氛圍，排去負面情緒，以不浮動之心應對事物，迎向光明。

（二）規律而定

拳藝之攻習欲有進益，除探求箇中理法，及正確練法外，仍須不斷用功學習，方能期有所得。每日練拳，一方面精進拳藝，另方面也因練拳產生規律，並於拳式鍛鍊之規律中，安定自己。

（三）掌握自己

練拳目的，是把自己斟酌無偏地做到最好，亦是能夠掌握自己。對通曉拳理者言，其實於日常生活中，時時會不經意地表現練拳之習慣，與動作模式。練拳時，對拳之闡釋能力，相對應的，即是對自己身體之照顧，能發揮到什麼程度。

（四）結構對正

勁之無法連貫，必先求之於身體結構之對正與完整性。結構產生問題，也影響到身體氣血之循環。體內氣血之通路遭扭曲變形，自然氣血之傳導受阻，而不得順暢。則意雖至而氣不能行，氣不行，則勁不能達。故平日即須注意姿勢之正確性。

（五）建立螺旋體

纏絲勁有大效益，鍛鍊須盡藏於平時之中，自身即是一個螺旋體，在尚未出勁之前，螺旋早已纏好備好，順或逆纏皆可。待用勁之時，身體僅須順勢一動，螺旋即被帶動纏繞，而得其攻防與健身之效。

（六）呼吸深入

臥姿時，一般之呼吸較淺，可試收尾閭，讓呼吸更為深入，甚而可深至丹田，且後腰掤起，可感覺整個腹部產生圓，有掤勁之感覺，亦似乎有一躍即起之勢。繼而漸至熟悉，呼吸會更為順暢。

（七）肩與胯合

坐姿時，頭要虛領，沉肩墜肘，肩與胯合，以意將兩肩肘往內貼緊身體，並往內逆纏，會感覺兩肩及兩肘左右之間，似有一線貫通，且互為呼應。若是坐在車上，手亦要鬆鬆地放在駕駛盤上，以最小之力量控制方向即可。

（八）氣沉丹田

站立時，可以白鵝擎銀翼上起下落之身形，輔助氣沉丹田。當然操作上仍須維持身體之中正，尤其起心動纏之際，意注腰間，兩手提起時須墜肘，身落之後並稍作停留，使氣涵養於丹田。

【第七章】拳架簡介

【第七章】拳架簡介

　　本門所傳拳架，除　潘師所傳之十三勢老架、二套砲捶，與十三勢小架之外，因應不同場合，不同族群之需求，餘為另發展出之套路，所有本門拳架，分述如下：

一、十三勢老架

　　簡稱老架，為陳氏第十四世陳長興所傳。

二、二套砲捶

　　簡稱砲捶，為陳氏第十四世陳長興所傳。

潘先和【拳理萃真】

三、十三勢小架

　　簡稱小架，為陳氏為十五世陳清萍一支所傳。

四、萃編十二式

　　適於短期體認特色，以老架、砲捶招式組成。

五、基礎二十四式

　　適於擴大推廣學習，以老架招式組成。

六、經典四十八式

　　適於競賽表演，以老架招式組成。

七、三路總合

適於介紹本門各拳架，以小架、砲捶，與老架之順序組成，依拳架段落安排，屬介紹式之拳架。

八、三路菁萃

適於介紹本門各拳架，以老架、砲捶，與小架組成，但不拘順序，依拳勢走向安排，屬融匯式之拳架。

一、十三勢老架

　　十三勢老架，簡稱老架。為陳氏第十四世陳長興所傳，已定型之拳套，為　潘師從學於第十七世陳發科時所習。其架勢，舒展寬大，氣勢恢宏，拳套中柔多剛少，但仍具震腳、發勁等實戰武術動作。

　　陳氏太極拳距今已有六百多年歷史。明洪武年間，陳氏祖先從山西洪洞縣遷居河南溫縣，以家傳陰陽開合之理法，參以戚繼光拳經，編造拳套，至第九世陳王廷集其大成，編造之拳套計有：長拳一套，十三勢五套，及砲捶一套，共為七套，此外有散手、短打，及兩人對練之搆手，經歷代研練，再五傳至第十四世陳長興時，將太極拳精簡而定型，成十三勢老架，與砲捶兩趟拳套。

　　陳長興拳藝高超，以保鑣為業。相傳於人潮擁擠之戲台前觀戲，立於千百人中之推擠中，腳步絲毫不動，且凡近其身者，如水觸石，不抗自頹，時人稱為「牌位大王」，為一代武術高手。為有別於同為第十四世之陳有本之新架（小架），而稱老架（大架），以為識別。

　　陳氏太極拳世代相傳，但拘泥於家傳拳術，故鮮為人知，直至第十七世陳發科，於 1928 年受邀至北平授拳，由於功夫純厚，獨步一時，陳氏太極拳始名聞於世。

　　潘師為第十七世陳發科之嫡傳弟子，於 1931 年一月，從陳發科學習陳氏太極拳，並精研於此凡數十年，著書立說，闡述發揚傳統理法之奧妙，不遺餘力，對於傳統陳氏太極拳傳承，貢獻鉅大。

潘光和【拳理萃真】

十三勢老架拳譜

01. 太極初勢	23. 運手	45. 擺腳跌岔
02. 金剛搗碓	24. 高探馬	46. 金雞獨立
03. 攬扎衣	25. 右插	47. 倒捻肱
04. 單鞭 　　（變著 六封四閉）	26. 左插	48. 白鵝亮翅
05. 金剛搗碓	27. 蹬一根子	49. 斜形
06. 白鵝亮翅	28. 前蹚拗步	50. 閃通背
07. 斜形	29. 神仙一把抓	51. 演手肱拳
08. 摟膝拗步 　　（變著 初收）	30. 踢二起腳	52. 單鞭 　　（變著 六封四閉）
09. 斜形	31. 護心拳	53. 運手
10. 摟膝拗步 　　（變著 再收）	32. 旋風腳	54. 高探馬
11. 演手肱拳	33. 蹬一根子	55. 十字腳
12. 金剛搗碓	34. 演手肱拳	56. 指膽捶
13. 撇身捶	35. 小擒打	57. 猿猴探果
14. 青龍出水	36. 抱頭推山	58. 單鞭 　　（變著 六封四閉）
15. 雙推手	37. 單鞭 　　（變著 六封四閉）	59. 切地龍
16. 肘底看手	38. 前招後招	60. 上步七星
17. 倒捻肱	39. 野馬分鬃	61. 退步跨肱
18. 白鵝亮翅	40. 單鞭 　　（變著 六封四閉）	62. 轉身擺腳
19. 斜形	41. 玉女穿梭	63. 當頭砲
20. 閃通背	42. 攬扎衣	64. 金剛搗碓（收勢）
21. 演手肱拳	43. 單鞭 　　（變著 六封四閉）	
22. 單鞭 　　（變著 六封四閉）	44. 運手	

二、二套砲捶

　　二套砲捶，簡稱砲捶。為陳氏第十四世陳長興所傳，已定型之拳套，為　潘師從學於第十七世陳發科時所習。其架勢，勢法重捶，且多跳躍，勢極雄壯，其捶之發，猛如發砲，故名砲捶。老架柔多剛少，砲捶則剛多柔少。比之老架，砲捶之表現，則柔處更柔，剛處更剛。多躥蹦跳躍，快速而緊湊。此兩套拳架，均以纏絲勁為核心。

　　砲捶動作因複雜快速，剛多柔少，較為難練。學者宜先習頭套老架，求鬆求柔，以柔勁運行，去其拙力。待頭套姿勢正確，拙力化去後，始而學習砲捶，較為適當；因砲捶動作快速，發勁亦多，如身上拙力尚未化盡，即習砲捶，每易誤用拙力，而不自知，恐使過去求鬆之努力，化為烏有，殊為可惜；且砲捶雖為難練，但基本功夫仍在於老架之熟練，待老架熟練之後，再習砲捶，更易進階。

　　砲捶與老架，此兩套拳架，相輔相成，互有所補。由外表視之，剛柔緩急，雖有區別，然內勁則完全一致，外之所形，亦皆由內之所發也。

222

洪允和【拳理萃真】

二套砲捶拳譜

01. 起勢	14. 倒騎麟	27. 演手肱拳
02. 單鞭 （變著 六封四閉）	15. 演手肱拳	28. 全砲捶
03. 護心拳	16. 裹變	29. 倒插
04. 躍步斜形	17. 手肘勢	30. 演手肱拳
05. 轉身金剛搗碓	18. 劈架子	31. 左二肱右二肱
06. 回頭撇身	19. 演手肱拳	32. 變勢大壯
07. 攢手	20. 伏虎	33. 回頭當門砲
08. 翻花舞袖	21. 脈門肱	34. 腰攔肘
09. 演手肱拳	22. 黃龍三攪水	35. 順攔肘
10. 腰攔肘	23. 左衝	36. 窩底砲
11. 大紅拳	24. 右衝	37. 荊藍指如
12. 小紅拳	25. 演手肱拳	38. 金剛搗碓（收勢）
13. 玉女穿梭	26. 掃蹚腿	

三、十三勢小架

　　十三勢小架，簡稱小架。為陳氏為十五世陳清萍一支所傳；因陳清萍居趙堡鎮，並於趙堡教拳，故小架亦稱趙堡架，為　潘師從學於武陟馬先生時所習。其架勢，小巧緊湊，圈小步活，拳套中起伏有致，抖勁不絕；功夫深者，圈中套圈，層出不窮。

　　潘師 1935 年服務於濟南山東省政府建設廳，習小架於同事馬先生。馬先生為河南武陟人，擅陳氏太極拳小架。武陟縣位於溫縣東北，離趙堡鎮頗近，其所練之太極拳係習於趙堡，為陳清萍所傳之小架架式。

　　陳氏太極拳採取陰陽學說，內外俱練，處處講求剛柔相濟，蓄發相變，並要求鬆柔運轉，運勁纏繞。小架因纏絲勁之圈小緊湊，故蓄發之間，極為快速，幾乎全是抖勁。習者功夫日深，應逐步加圈鍛鍊。若是功夫純熟，意氣勁三者得以合一，能達快速，氣足，力猛，勁長，動短，意遠，蓄無不發，引無不擊之境界。如陳鑫所謂之：「若是功夫純熟，由其大無外之圈，造到其小無內之境，不遇敵則已，如遇勁敵，則內勁猝發，如迅雷烈風之摧枯拉朽，孰能當之。」

十三勢小架拳譜

01. 太極初勢	23. 右插腳	45. 金雞獨立
02. 金剛搗碓	24. 左插腳	46. 朝天蹬
03. 懶扎衣	25. 蹬一根子	47. 倒捻肱
04. 單鞭 （變著 小擒拿）	26. 前蹬拗步	48. 白鵝亮翅
05. 金剛搗碓	27. 擊地捶	49. 斜形拗步
06. 白鵝亮翅	28. 反身二起	50. 閃通背
07. 斜形拗步	29. 護心拳	51. 單鞭 （變著 小擒拿）
08. 摟膝拗步 （變著 斜收）	30. 分手踢腳	52. 雲手
09. 斜形拗步	31. 轉身蹬腳	53. 高探馬
10. 摟膝拗步 （變著 正收）	32. 掩手捶	54. 十字腳
11. 掩手捶	33. 拍肚掌	55. 指襠捶
12. 拍肚掌	34. 抱頭推山	56. 黃龍佔山
13. 撇身捶	35. 單鞭 （變著 小擒拿）	57. 單鞭 （變著 小擒拿）
14. 青龍出水	36. 前招後招	58. 舖地雞
15. 肘底看拳	37. 野馬分鬃	59. 上步七星
16. 倒捻肱	38. 單鞭 （變著 小擒拿）	60. 退步跨虎
17. 白鵝亮翅	39. 玉女穿梭	61. 雙擺腳
18. 斜形拗步	40. 懶扎衣	62. 當頭砲
19. 閃通背	41. 單鞭 （變著 小擒拿）	63. 金剛搗碓
20. 單鞭 （變著 小擒拿）	42. 雲手	64. 合太極
21. 雲手	43. 雙擺腳	
22. 高探馬	44. 跌叉	

四、萃編十二式

萃編十二式第一次發表於 2014 年，為個人於歡迎中國太極拳名家梅墨生老師來訪時之表演。秉承　潘師所傳十三勢老架與二套砲捶所變化而來。

此套拳架僅有十二式，極為簡短，但已將陳氏太極拳中，較為剛勁之特色，如蹦躂、跳躍、發勁，與震腳等動作集於一套，對於陳氏太極拳之認識學習，簡短而快速。以下分述練法之重點：

（一）蹦躂動作

踢二起腳。拳式打法上，為左右兩腳，交替彈起踢出，身形不可向前傾出，須注意氣勢不斷，腳起手拍，上下一齊動作。

（二）跳躍動作

玉女穿梭。重點在騰步躍進，運用上為群戰時突圍之用，身形是向前而非向上，須注意動作連貫，不可停頓。

（三）發勁動作

演手肱拳。腿部動作須注意撐腰扣膽，勁才能聚而不散，同時手臂完全鬆出，右拳與左肘前後對拉，表現出彈抖之勁，由蓄而發，一氣呵成。

（四）震腳動作

金剛搗碓。注意全身鬆淨，將右腳鬆沈落地，而成震腳，此時落地生根，支撐八面，最忌流於外形，用力去跺地，非但震地所發出之聲不清脆，更可能傷及練者自身，故演練時須特別謹慎。

洪允和【拳理萃真】

每門拳種，各有其特色。此套拳雖簡短，卻不簡單，難度頗高。學者欲快速了解陳氏太極拳，則已盡納其中。此套萃編十二式若能嫻熟，於陳氏太極拳之理法，亦可謂大致已備。

萃編十二式拳譜

01. 起勢	05. 踢二起腳	09. 翻花舞袖
02. 單鞭	06. 黃龍佔山	10. 演手肱拳
03. 玉女穿梭	07. 回頭撇身	11. 小擒打
04. 攬扎衣	08. 攢手	12. 金剛搗碓（收勢）

五、基礎二十四式

　　基礎二十四式發表於 1997 年，由「靜廬陳氏太極拳社」召集，洪塗生師兄研編而成，乃秉承　潘師所傳十三勢老架所變化而來。

　　此套拳架較為簡單易學，減少十三勢老架中發勁、跳躍等，難度較高之動作，習者易於學習，但陳氏太極拳纏絲勁之運行，則完全相同。其優點在於套路簡單，學完一套費時不多，套路移動幅度小，兩公尺見方之所即可演練，易達成推廣與學習之目標。且將之作為健身養生已足，有志進階習其他拳架者，亦易於上手。

　　陳氏太極拳義精理嚴，原則一致。基礎二十四式雖動作較簡，但一切行功之要訣，仍為必備，分別為身法中正，虛領頂勁，呼吸自然，與氣沉丹田四者。習者於學習拳套之同時，配合動作之剛柔快慢，一本陳氏太極拳練拳之法則，一舉一動，本質不變。則一切身法動作，日久自能合度。

　　本書所介紹之拳架，有關身軀四肢之姿勢要求，與內部之意氣運行，已於　潘師所著《陳氏太極拳大全》中之「節解總說」一章詳有說明，有關練拳之注意要點，皆無不同。故不予重複，請讀者自行參考。

洪允和【拳理萃真】

基礎二十四式拳譜

01. 起勢	09. 金剛搗碓	17. 猿猴探果
02. 金剛搗碓	10. 撇身捶	18. 單鞭
03. 攬扎衣	11. 青龍出水	19. 切地龍
04. 單鞭 （變著 六封四閉）	12. 單鞭 （變著 六封四閉）	20. 上步七星
05. 白鵝亮翅	13. 運手	21. 退步跨肱
06. 斜形	14. 高探馬	22. 擺腳
07. 摟膝拗步 （變著 初收）	15. 十字腳	23. 當頭砲
08. 演手肱拳	16. 指腦捶	24. 金剛搗碓（收勢）

〔第七章〕拳架簡介

六、經典四十八式

經典四十八式第一次發表於 2004 年，由「中華民國太極拳總會」教練委員會召集編撰陳氏太極拳統一套路，個人時任召集人，提出已構思完成之套路招式，作為藍本而編成。

此套拳架之形成，乃是鑒於 2002 年當時，臺灣推廣陳氏太極拳之套路眾多，比賽無一套標準套路，以致選手無所適從，裁判執行困難，於是中華民國太極拳總會於 2002 年 11 月間，委由教練委員會洪允和總教練擔任召集人，會合全臺陳氏太極拳各教練場資深教練，齊聚一堂，大家集思廣益，共同研討，並以洪允和總教練所編撰之套路招式為藍本，歷經二年定期開會，由各資深教練一招一式演練陳氏各種套路之打法後，再經由討論、表決，以至於每一招式之逐式審定完成。

本套路之編排，符合目前一般比賽，5-6 分鐘之時間要求，套路收式時，亦能歸回原位，並具競賽時一定之難度需求；難能可貴者，更完全保留傳統陳氏太極拳之精神及練法。為圓滿完成此一歷史性任務，參與此項編撰工作之各位老師，可謂殫精竭慮，每會必到，每招必審，大家全力以赴，其目的惟推展臺灣之太極武術而努力。所定案完成之經典四十八式，則希望成為爾後臺灣各項盃賽中，陳氏太極拳項目之標準套路。

綜合歷次出席之武術家，除擔任陳氏太極拳套路制訂召集人洪允和之外，尚包括馬廷基、洪塗生、林純仙、白仲呈、廖維垣、涂宗仁、謝棟樑、張東海、吳木村、李永居、董富華、陳秀華、盧聰明、朱輝彥、蔡安娜、簡啟庭、賀紀林、江弦蒼、傅碧珠、王基福等多位縱橫全臺之老師，實為武林一大盛事。

陳氏太極拳，自老一輩宗師攜藝來臺，薪火相傳，已成為臺灣拳術之重要文化資產；經典四十八式，以傳統拳架為基礎，重於傳承與發揚，著實符合眾人多年之期待，不但延續太極拳一向重視之健康理念，亦已保存傳統武術強身技擊之定義。

經典四十八式拳譜

01. 起勢	17. 蹬一根子	33. 單鞭 （變著 六封四閉）
02. 金剛搗碓	18. 前蹬拗步	34. 運手
03. 攬扎衣	19. 神仙一把抓	35. 擺腳跌岔
04. 單鞭 （變著 六封四閉）	20. 踢二起腳	36. 金雞獨立
05. 白鵝亮翅	21. 護心拳	37. 倒捻肱
06. 斜形	22. 旋風腳	38. 白鵝亮翅
07. 摟膝拗步 （變著 初收）	23. 蹬一根子	39. 斜形
08. 演手肱拳	24. 演手肱拳	40. 閃通背
09. 金剛搗碓	25. 小擒打	41. 演手肱拳
10. 撇身捶	26. 抱頭推山	42. 單鞭 （變著 六封四閉）
11. 青龍出水	27. 單鞭 （變著 六封四閉）	43. 切地龍
12. 單鞭 （變著 六封四閉）	28. 前招後招	44. 上步七星
13. 運手	29. 野馬分鬃	45. 退步跨肱
14. 高探馬	30. 單鞭 （變著 六封四閉）	46. 轉身擺腳
15. 右插	31. 玉女穿梭	47. 當頭砲
16. 左插	32. 攬扎衣	48. 金剛搗碓（收勢）

七、三路總合

三路總合第一次發表於 2011 年，為個人參加由中國廣東省海峽兩岸交流促進會主辦，紀念辛亥革命 100 周年暨海峽兩岸太極拳交流大會表演時所編。秉承　潘師所傳十三勢老架、二套砲捶，與十三勢小架三種拳架所變化而來。

此套拳架之形成，乃基於過去諸多展演陳氏太極拳拳架之場合，不易將各具特色之拳架面貌，包括老架之舒展寬大、小架之圈小緊湊、以及砲捶之勢法重捶，同時展現。幾經反覆思維，逐步催生三路總合之完成。觀覽此拳，意氣軒昂，勢如奔馬，卻是剛柔並備，內斂沈著。

三路總合全套共 48 式，目的為整合三種拳路特色，作段落式之介紹。本套路共分三個大勢，以下分述之。

第一勢

第一式至第十三式為小架。

第二勢

第十四式至第三十五式為砲捶。

第三勢

第三十六式至第四十八式為老架。

老架、小架、砲捶等三種拳架，雖各具其特色，然理法、內勁則完全一致，均以纏絲勁之運行為核心，剛柔相濟，快慢相間。而集其成之三路總合與三路菁萃，其拳勢之編排，着着相連，轉折無間；拳勢之變化，則起伏隱現，變化萬千；拳勢之風格，更兼具寬大舒展，圈小緊湊，蓄放相間之不同表現，全盤展現陳氏太極拳各種不同風貌。

三路總合拳譜

01. 起勢	17. 小紅拳	33. 倒插
02. 金剛搗碓	18. 玉女穿梭	34. 演手肱拳
03. 懶扎衣	19. 演手肱拳	35. 左二肱右二肱
04. 單鞭 （變著 小擒拿）	20. 裹變	36. 單鞭
05. 金剛搗碓	21. 手肘勢	37. 運手
06. 白鵝亮翅	22. 劈架子	38. 高探馬
07. 斜形拗步	23. 演手肱拳	39. 十字腳
08. 摟膝拗步 （變著 斜收）	24. 伏虎	40. 指膽捶
09. 斜形拗步	25. 脈門肱	41. 猿猴探果
10. 摟膝拗步 （變著 正收）	26. 黃龍三攪水	42. 單鞭
11. 掩手捶	27. 左衝	43. 切地龍
12. 拍肚掌	28. 右衝	44. 上步七星
13. 撇身捶	29. 演手肱拳	45. 退步跨肱
14. 攢手	30. 掃蹚腿	46. 轉身擺腳
15. 腰攔肘	31. 演手肱拳	47. 當頭砲
16. 大紅拳	32. 全砲捶	48. 金剛搗碓（收勢）

八、三路菁萃

三路菁萃第一次發表於 2015 年，為個人參加由「中華陳氏太極拳協會」主辦，第十一屆臺灣盃陳氏太極拳全國錦標賽大會時之表演。秉承　潘師所傳十三勢老架、二套砲捶，與十三勢小架三種拳架所變化而來。

此套拳架之編排，有別於三路總合，雖同樣為老架、砲捶，與小架三種拳架變化而來，其編排初衷與內容取向完全一致，目的為整合三種拳架之特色，並使之更具可觀性。所不同者，在於其呈現之方式。三路總合是將三種拳架之特色，依拳架段落編排而成；而三路菁萃則將三種拳架之特色，依拳勢走向編排而成。本套路共分三個大勢，以下分述之。

潘先和【拳理萃真】

第一勢

第一式起勢至第二十式演手肱拳。此大勢較為錯綜複雜，老架、小架、砲捶等三種拳架，着式交錯其間，其中以老架、砲捶為多。拳勢一開始，即以砲捶雄壯快速之起勢、單鞭為起始，啟開三路菁萃帶來視覺感官之極大震撼。瞬息間，一股龐然磅礴之氣勢，隱然躍躍欲出。單鞭之後，緊接著老架之玉女穿梭、攬扎衣、踢二起腳，及小架之黃龍佔山，以清晰明快之節奏，剛柔相濟之變化，致使氣勢相連不絕。着式接續至砲捶之回頭撇身、攢手、翻花舞袖、演手肱拳、腰攔肘及大紅拳，着法連續緊湊，顯現砲捶動作快速，勢極雄壯之特點。大紅拳於動勢中，銜接老架之高探馬，繼以老架之右插、旋風腳及蹬一根子，踢、掃、蹬等一連串猛烈剛強之腿法，拳勢一氣承接，峰迴路轉，令人耳目一新。蹬一根子採左蹬腳，其後銜接小架之斜形拗步及閃通背，圈小而靈活，閃通背之後，以轉勢之翻山過海，翻身轉至三點鐘方向，銜接演手肱拳。

第二勢

　　第二十一式掃蹚腿至第三十五式演手肱拳。此大勢均為砲捶之着式。一連串節奏快速之砲捶勢法，勢勢相連，聲聲震響。包括掃蹚腿、演手肱拳、全砲捶、倒插、演手肱拳、左二肱右二肱、變勢大壯、回頭當門砲、腰攔肘、順攔肘、窩底砲、荊藍指如等，並藉荊藍指如之轉身，使身形順勢轉至三點鐘方向，再往前進步，連接步步進逼之女穿梭、倒騎麟，並再順勢接演手肱拳。

第三勢

　　第三十六式單鞭至第四十八式金剛搗碓。此大勢除第三十六式單鞭與第四十八式金剛搗碓為老架練法外，均為小架之着式。有雲手、高探馬、十字腳、指膛捶、黃龍佔山、單鞭、舖地雞、上步七星、退步跨虎、雙擺腳、當頭砲等，均為小架動作之舖陳，動作小巧緊湊，身法圈小步活，完全顯現出小架之特色，最後以老架之金剛搗碓為本套路之結束。

　　三路菁萃之編成，將老架、砲捶，與小架三種拳架之精神完全掌握，並使之融為一體，着式交錯其間，不顯痕跡，忽而寬大舒展，忽而圈小緊湊，使此套拳於一氣呵成之流暢中，保持陳氏太極拳特具之拳勢張力、起伏有致之層次感，且更已自成一格，而充滿美感。以下分述練法之重點：

（一）勁點清楚

　　腿法動作，用勁之處須清楚，且以眼視之。如：第五式踢二起腳，第十四式右插，第十五式旋風腳，第十六式蹬一根子，第二十一式掃蹚腿，第三十九式十字腳，第四十六式雙擺腳等。

（二）氣勢磅礡

第一式起勢接第二式單鞭時，速度要由慢而極快，且銜接順暢。

（三）骨節對正

第十一式 腰攔肘，拍擊時須正對肱骨，勁力才能集中。

（四）分勢清楚

分勢清楚，則易於演練。三路菁萃分為三個大勢，前兩大勢之最後，第二十式與第三十五式均為演手肱拳，且均朝三點鐘方向。

洪允和【拳理萃真】

三路菁萃拳譜

01. 起勢	17. 斜形拗步	33. 玉女穿梭
02. 單鞭	18. 閃通背	34. 倒騎麟
03. 玉女穿梭	19. 翻山過海	35. 演手肱拳
04. 攬扎衣	20. 演手肱拳	36. 單鞭 （變著 六封四閉）
05. 踢二起腳	21. 掃螳腿	37. 雲手
06. 黃龍佔山	22. 演手肱拳	38. 高探馬
07. 回頭撇身	23. 全砲捶	39. 十字腳
08. 攢手	24. 倒插	40. 指膪捶
09. 翻花舞袖	25. 演手肱拳	41. 黃龍佔山
10. 演手肱拳	26. 左二肱右二肱	42. 單鞭 （變著 小擒拿）
11. 腰攔肘	27. 變勢大壯	43. 舖地雞
12. 大紅拳	28. 回頭當門砲	44. 上步七星
13. 高探馬	29. 腰攔肘	45. 退步跨虎
14. 右插	30. 順攔肘	46. 雙擺腳
15. 旋風腳	31. 窩底砲	47. 當頭砲
16. 蹬一根子	32. 荊藍指如	48. 金剛搗碓（收勢）

傲氣珍惜本門陳氏太極拳歷史傳承　　允軒陳氏太極拳研究會

▲ 上乘武學陳氏太極

　　太極拳為中華傳統武術中，極重要之文化瑰寶，內外兼修，內以養氣外以練架，健身與技擊並重，持之以恆，可增強體質、具積極健身之效，並習技擊防身之技。陳氏太極拳之流傳六百餘年；明朝洪武年間，陳氏祖先從山西洪洞縣，遷居河南溫縣，依據開合陰陽之理法，螺旋運轉之纏絲創太極拳，著名於世，並代代相傳。經由陳氏太極拳更衍生出楊、吳、武、孫等各式太極拳，陳氏太極拳實為極珍貴，而上乘之中華傳統武術。

▲ 本門傳承

　　本門陳氏太極拳淵源於第十七代宗師　陳發科先生，並承　潘詠周大師之傳而於今，現由洪允和老師承繼發揚。洪老師三十餘年來，致力於臺灣陳氏太極拳之耕耘，對拳術義理深入精研，於推廣發揚不遺餘力，春風化雨，桃李天下。本門弟子當自傲於本傳承系統之歷史意義及重要地位，珍惜並努力學習，以傳承本門珍貴而浩瀚之武學資產。

♡ 潘詠周大師珍貴拳照與拳學心法

　　潘詠周大師於民國 23 年拜別恩師　陳發科先生時，請示以後習拳的途徑，發科先生訓曰：

「此拳秘訣盡在虛實分清、上下相隨、全身鬆淨、內外相合」

　　潘師拳勢內蘊豐富，內勁剛柔兼至而渾於無跡，隱於內之意與氣勁，安定和諧，顯於外之身與勢法，奔流鼓盪，運於形之書法筆觸，則蒼勁有力又飽滿清透。拳術之學習途徑，是屬「默會知識」之範疇，乃為一種「未可言明的知」，觀潘師拳架，靜默品嚐心法墨跡中隱含拳藝之義理精髓，更能揣摩肢體連綿細膩之虛實運轉變化。

臺北市、新北市陳氏太極拳協會・允軒陳氏太極拳研究會　課程架構

	一階課程	二階課程（1年以上）	三階課程（3年以上）	研習課程
拳術	▼ 24 式套路 ▼ 48 式套路	▼ 老架研習班 ▼ 小架研習班	▼ 砲捶研習班 ▼ 拳式解析班	▼ 教練講習班 ▼ 裁判講習班 ▼ 太極心法班
擖手	▼ 擖手八法班 （掤攦擠按、採挒肘靠）	▼ 擖手引進班 （沾連黏隨、引進落空）	▼ 擖手活用班 （拳式套用、亂踩花）	
器械	刀、劍、棍等各項器械			

一階課程

24 式套路： 秉承　潘詠周大師所傳之 64 式老架，取其中演練較簡易之招式，且刪減重複動作而編成，其套路簡單，且動作移動幅度小，適於學習與推廣。

48 式套路： 2002 年於太極拳總會，由洪允和老師擔任召集人，邀請國內多位陳氏太極拳老師討論出共識，所制定之臺灣陳氏太極拳競賽套路，適於競賽之標準套路。

擖手八法班： 太極拳一手一着之勁，可細分爲掤、攦、擠、按、採、挒、肘、靠等擖手八法。掤、攦、擠、按謂之四正，採、挒、肘、靠謂之四隅，此八法爲練習致用之法。

二階課程

老架研習班： 老架爲陳氏太極拳第十七代　陳發科宗師所傳之十三勢頭套老架，拳套中雖柔多剛少，但仍具震腳、發勁等實戰武術動作；架勢舒展寬大，氣勢恢宏。

小架研習班： 有別於老架之舒展開闊，小架動作其間，圓圈較小而緊湊，步法靈活而快速，演練時勁力靈現，興味盎然，頗具御風而行之翩然氣勢。

擖手引進班： 拳式之擖手實際演練，由手搭足靠之雙人互推中，練習皮膚表面觸覺、身體內體感覺，與運用方法，並可相互驗證各種勁道，及有助於糾正拳架之動作。

三階課程

砲捶研習班： 砲捶之拳法，勢法重捶，猛如發砲，比之老架剛多柔少，但柔處更柔，剛處更剛，多躥蹦跳躍，快速而緊湊，於纏絲勁之表現更爲淋漓盡致。

拳式解析班： 以陳氏太極拳老架、小架、砲捶等，各套拳中之經典招式爲學習架構，解析身法、勢法、勁法、理法，貫通拳勢之要，可紮實拳藝，引領學員探索由着熟而漸入懂勁之徑。

擖手活用班： 將拳式套用於擖手互推中，體會太極拳之體用兼備；活用勁之虛實剛柔、走化粘逼，並熟習提放蓄發等手法，由有盡之招式，而致無盡之變化。

研習課程

教練講習班： 提倡太極拳運動，培養教練師資，提昇教練素質，與儲訓教練人才，及配合教學需要，施予全面性、必要性之訓練，藉由教練之培養，而達推廣全民運動之目的。

裁判講習班： 建立優秀太極拳裁判專業技能，完備優秀選手、教練晉任裁判之裁判制度，提高裁判之技術水準、培養裁判人才，促進太極拳運動正向發展之目的。

太極心法班： 心靜意專，氣斂神舒，爲太極拳之心法。以用意、行氣、練形三者交互內外交修，輔以　陳鑫及　潘詠周大師著作，探討太極拳之精妙奧秘。

陳氏門大師嫡傳 **洪允和** 主講

貫 通 學 拳 之 徑 、 登 高 得 以 望 遠

允軒·拳學講堂

身法 · 勢法 · 勁法 · 理法

懂拳、懂勁，進而涵泳玩索於太極之境，可視為對自己人生中之一項承諾，亦可成為生活中之一大樂事；由初學，接收拳術訊息之始，由粗淺之認知，乃至逐漸了解鬆緊之互用，輕沉之變換，虛實之氣象等等，於親身感覺及體會之過程，切切實實地感受，太極拳是如此之真實而貼切。

▼ 內容：拳 式 解 析

以陳氏太極經典招式為學習架構，解析拳術中之身法、勢法、勁法、理法，貫通拳勢之要，可紮實拳藝，引領學員深入探索，由著熟而漸入懂勁之徑。課程中解析當週課程主題，示範講解練習招式，穿插試勁練習，並針對個人動作細部調整。

【一、身法】	：崇中正安舒，轉換重騰挪閃戰。
【二、勢法】	：崇圓轉自如，層次重起落有致。
【三、勁法】	：崇剛柔相濟，出入重勁整靈活。
【四、理法】	：崇開合陰陽，纏絲重螺旋運轉。

允軒資深總教練·**洪允和**老師 主講

師承：陳發科 → 潘詠周 → 洪允和
學歷：國立體育大學運動科學研究所
經歷：太極拳教學經驗逾 30 年
　　　允軒陳氏太極拳研究會 拳學講堂 創辦人
　　　『中華陳氏太極拳協會』 理事長
　　　『臺北市陳氏太極拳協會』理事長
　　　『新北市陳氏太極拳協會』理事長

▼ 研習時間地點： 週三上午 11 點半 **樟新教練場**（臺北市文山區一壽街 22 號 10 樓）
　　　　　　　　 週六上午 11 點　 **松花教練場**（臺北市中山區合江街 137 號　4 樓）
　　　　　　　　 週六晚上 19 點　 **朱崙教練場**（臺北市中山區龍江路 15 號　3 樓）

練功夫・得健康 一 專精拳理・搏手

陳氏太極拳

本會師承：陳氏第十七世宗師	靜廬陳氏太極拳社創始人	允軒陳氏太極拳研究會創辦人
陳發科 ➡	潘詠周 ➡	洪允和

太極拳之養生功效

太極拳養生功效，在於演架時發揮拳術之動作特性，使身心處於空鬆狀態中，運動全身表裡各處，產生極佳運動效果。

身心空鬆

包括了全身肌肉、皮膚、關節等身體之組成，以及心理上意識的知覺情緒，全部放空鬆透。

周身纏繞

纏絲勁之運行，使全身各處均因動作之螺旋運轉，血氣出入於由淺層皮膚與深層骨髓間之身體表裡各處，暢通全身脈絡，達到全身運動之目的。

洪老師 資深總教練，30餘年陳氏太極拳教學經驗

教授基礎24式、48式競賽套路及老架、小架、砲捶、器械等。

教 練 場	上 課 時 間	地 點
三民教練場	每週四晚上19:00~21:00	新北市新店區三民路20-2號1樓
樟新教練場	每週三上午10:00~12:00	臺北市文山區一壽街22號10樓
	每週日上午09:00~11:00	臺北市文山區一壽街22號 9樓
松花教練場	每週六上午09:00~11:00	臺北市中山區合江街137號4樓
朱崙教練場	每週六晚上17:00~19:00	臺北市中山區龍江路15號3樓

部 落 格：**http://blog.sina.com.tw/chentai**

聯絡電話：**0920-237-374** Facebook：**Chen taichi**

臺北市、新北市陳氏太極拳協會・允軒陳氏太極拳研究會

允軒拳話 2

洪允和【拳理萃真】

作　　者｜洪允和
發 行 人｜洪允和
拳式示範｜李澄欽、洪祺鈞
拳照拍攝｜李宗憲、張進東、洪祺鈞
文字編輯｜黃珍映
美術設計｜斐類設計工作室
出版發行｜允軒陳氏太極拳研究會
　　　　　地址：新北市新店區北新路一段 293 號 19 樓之 15
　　　　　電話：0920-237-374
製版印刷｜松霖彩色印刷有限公司
銀行帳號｜國泰世華銀行　景美分行　戶名｜洪允和
　　　　　131-50-601840-1
代　　理｜金大鼎文化出版有限公司
　　　　　電話：(02)2721-9527
總 經 銷｜旭昇圖書有限公司
　　　　　地址：新北市中和區中山路 2 段 352 號 2 樓
　　　　　電話：(02)2245-1480

◆ 2018 年 10 月 第 1 版
◆ 定價新台幣 450 元
◆ ISBN 978-986-91338-3-8

國家圖書館出版品預行編目（CIP）資料

洪允和：拳理萃真 / 洪允和著 . -- 第 1 版 . --
　新北市：允軒陳氏太極拳研究會 , 2018.10
　　面；　公分 . -- (允軒拳話；2)
　　ISBN 978-986-91338-3-8(平裝)

528.972　　　　　　　　　　　107016856